知らないとヤバい民主主義の歴史

宇山卓栄

PHP文庫

○本表紙図柄＝ロゼッタ・ストーン（大英博物館蔵）
○本表紙デザイン＋紋章＝上田晃郷

はじめに

この20年間、日本は経済成長していません。一方、中国経済は3倍の規模に、成長しています。独裁国家の中国では、効率よく政府の投資開発が進み、不採算部門を容赦なく切り捨て、官民が一体となって、ビッグデータを収集しながら、世界的巨大企業を生み出し、高度成長を実現させています。

我々は残念ながら、民主主義の決められない政治の閉塞の中に鬱屈として、中国の後塵を拝す形になっています。民主主義は独裁には勝てないのでしょうか。民主主義には限界があるのでしょうか。

民主主義のシステム、つまり旧態依然とした選挙や政治が制度疲労を起こしていることは間違いありません。民主主義を変革することは可能なのでしょうか。

資本主義は恐ろしく不平等を生むシステムです。人間の能力は生まれながらにして不平等であり、資本主義はそれを増長させます。民主主義の価値は自由と平等ですが、それに逆行するように、格差が拡大しています。

民主主義は現状、その価値を体現できていません。この理想と現実のギャップは一体、何なのでしょうか。民主主義は実際のところ、どのようなメリットを我々にもたらしているのでしょうか。我々は民主主義と共存することができるのでしょうか。

また、民主主義は迫り来る全体主義の脅威に打ち勝つことができるのでしょうか。中国やロシアのような独裁国家、覇権拡張に打ち勝つことができるのでしょうか。

かつて、チャーチルが

「民主主義は最悪の政治形態であると言える。ただし、これまで試されてきた、全ての政治制度を除けば」

と言っているように、民主主義は酷い制度です。

しかし、歴史を振り返ってみれば、民主主義が現れる以前の政治制度はもっと酷いものでした。我々は民主主義という制度の枠組みを放棄したり、破壊したりすることはできません。民主主義とともに生きていくしかないのであれば、我々は民主主義について、よく知らなければなりません。

民主主義の本質を知るためには、その成立の過程や歩みを知る必要があります。近代民主主義は世界史の中で、つくられていきます。今日のような議会制民主主義が定着するまでに、人々の試行錯誤と困難な戦いがありました。我々は民主主義の世の中を、空気のように当たり前と捉え、普段、民主主義について考える機会をほとんど、持ちません。

この本では、民主主義を単なる政治論として展開することはしません。具体的な事例に即してのみ、民主主義を論じます。その具体的事例とは、世界史の史実です。民主主義が社会や人々に、実際、どのような影響を与えたのか、その良い面や悪い面は歴史の中で、どのように現れたのかという具体事実を解明し、民主主義の本当の姿に迫ります。

民主主義の成立に深く関わった歴史人物を取り上げ、彼らの具体的な発言の事例に即して、民主主義の動きを追っていきます。

２０２３年５月吉日

宇山卓栄

知らないとヤバい民主主義の歴史　目次

Chapter 1

「政治」と民主主義
――世界史でわかる民主主義

01 民主主義とは何か？

「民主主義は最悪の政治形態であると言える。
ただし、これまで試されてきた、全ての政治制度を除けば。」

ウィンストン・チャーチル

Chapter 2

「主権」と民主主義

——国民が主人公というまやかし

04 国民が「主人公」とは、どういう意味なのか？

「無関心は権力者、統治者への静かな支持である。」

ヴラディーミル・レーニン

05 民主主義は誰のものか？

「選挙権が欲しければカネ持ちになりたまえ！」

フランソワ・ギゾー

Chapter 3

「民衆」と民主主義
——民衆には国家を統治する能力はない!?

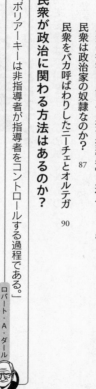

Chapter 4

「戦争」と民主主義
——リンカーンとビスマルク

Chapter 5

「日本」と民主主義
——日本人に民主主義はムリなのか

「上み君権を定め、下も民権を限り、至公至正、君民得て私すべからず。」

大久保利通

11 日本の市民革命とは何だったのか？ 日本はどのように近代民主主義を達成したか？

「しからば、予は官職、勲爵(くんしゃく)の一切を拝辞(はいじ)し、一介の野人として政党を組織す。」

伊藤 博文

Chapter 6 「独裁」と民主主義 ——独裁政治は最も民主主義的!?

12 「決められる政治」は「決められない政治」よりも正しいのか？

「民主主義は治者と被治者の同一性を基礎とする統治原理である。」

カール・シュミット

Chapter 7

「豊かさ」と民主主義
――何が民主主義を成立させるのか

Chapter 8

「格差」と民主主義
——民主主義を追求すれば、社会主義になる!?

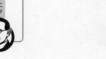

Chapter 9
「官僚」と民主主義
――統治するのは誰か

Chapter 1

「政治」と民主主義

——世界史でわかる民主主義

民主主義はマシな制度。
他の制度と比べれば

武力がものを言えば、
法律は沈黙する

ものを考えない民衆は、
支配者にとって好都合

01

「民主主義は最悪の政治形態であると言える。ただし、これまで試されてきた、全ての政治制度を除けば。」

ウィンストン・チャーチル

民主主義とは何か？

民主主義は「最高」ではないが「最良」の選択

イギリスの元首相ウィンストン・チャーチルは民主主義について、以下のように述べました。

Churchill
チャーチル

「民主主義は最悪の政治形態であると言える。ただし、これまで試されてきた、全ての政治制度を除けば。」

（1947年、下院演説にて）

チャーチルは、

「民主主義は酷いが、過去の王政や貴族政などはもっと酷く、それらと比べればマシだ」

と述べています。

民主主義は歴史の中で、長い時間をかけて作られてきたものです。どのような政治制度が社会にとって最も有益かを人々が試行錯誤して考え、取り組んできたことが、現代の民主主義という制度に結実しています。

アメリカの政治学者フランシス・フクヤマは、

「民主主義は人類が到達した社会制度の最終的な姿である」

と述べました。

1991年のソ連の崩壊で社会主義体制が否定された後、国際社会において最終的に民主主義が勝利しました。フクヤマはこれを「歴史の終わり」と表現しています。

古代ギリシア、ローマの時代から王朝や国家の興亡が繰り返されてきました。

そのたびに、政治制度や政治体制の枠組みも変化してきました。戦後の冷戦時代において、**社会主義国家と民主主義国家が対立**し、政治体制の世界的な最終決戦となります。この決戦に民主主義国家は勝利しました。

Fukuyama
フクヤマ

「ソ連崩壊以降、社会制度を巡るイデオロギーの対立が終わり、
民主主義が政治体制の最終形態となり、
永遠に存続し得る制度となった。」

フクヤマによると、民主主義を達成した国家では、歴史の中で繰り返された国家の興亡はもはや起きません。古代ギリシアのポリス、マケドニア王国、古代ローマ帝国、オスマン帝国、モンゴル帝国、中国の歴代王朝、ブルボン王朝、フランス第一帝政、ナチスドイツ、ソヴィエト連邦など、**強権的な支配で覇権を極めた国家は全て崩壊した**ことをフクヤマは指摘し、民主政治が政治体制の最終形態であり、それを破壊するような戦争やクーデターのような**歴史的大事件はもはや生じなくなる**、と説きます。

「最高」と言えなくても、「最良」と言うことができる政治体制は何か、という問いの結論は出ているようです。それが民主主義なのです。

Must Person
フランシス・フクヤマ

民主主義は絶対的であり、普遍的であり、恒久的！

日本姓は福山。日系アメリカ人の政治学者。1992年、『歴史の終わり』を刊行しました。民主主義を政治体制の最終で最良の形態とする考え方を示しましたが、民主主義に逆行する強権主義が世界中で幅を利かせている現在、フクヤマの理論を再検証する動きが活発となっています。

民主主義は分かち合いのシステム

民主主義とは何でしょうか。それは、皆で分かち合うことを重要視する考え方です。王様や貴族などの一部の人間だけが富や権力を独占するのではなく、**全ての人が富や権力を分かち合う**システム、これが民主主義です。

たとえば、あなたが事業で成功して大儲けしたとしても、民主主義国においては、その儲けの全てがあなたのものにはなりません。儲けた額が大きければ大きいほど、累進課税によって、徴収される税額も大きくなります。税の何割かは弱者救済のための社会保障に充（あ）てられます。皆で分かち合うのが民主主義だからです。

弱者や敗者にとって民主主義は恵みです。強者よりも、弱者の方が圧倒的多数であり、民主主義は常に多数派によって支持されるのです。

分かち合いを基本とする民主主義は、**少数の幸福よりも多数の幸福を優先**します。

たとえば、３人分の食べ物があったとします。１人の人間が食べ物を腹一杯食べ、残りの２人を飢えさせることは民主主義では否定されます。３人が食べ物を分かち合い、腹一杯食えずとも、３人が一定のレベルで腹が満たされることが民主主義では肯定されるのです。

「１人の満腹」よりも「３人のほどよい腹足し」が優先されるような状態を、イギリスの哲学者ジェレミー・ベンサムは「**最大多数の最大幸福**」と表現しました。これは民主主義を貫く上での中核となる理念です。

限られた富をできるだけ多くの人に分配し、**彼らの幸福を最大化すること**、これが民主主義の求める理想であり、民主主義の政治はその理想を達成するために存在します。

富の分配の方法を模索し、現実社会において**分かち合いを実践していくこと**が民主主義の政治の役割なのです。

Must Person
ジェレミー・ベンサム

「最大多数の最大幸福」で分かち合いを！

18世紀後半から19世紀前半に活躍したイギリスの法学者・哲学者。弁護士の息子として生まれ、12歳でオックスフォード大学に進み、15歳で卒業するという神童でした。より多くの人の幸福の実現こそが善であるとする功利主義を唱えました。

悪循環に陥った絶対王政

民主主義は富だけでなく、権力も分かち合います。王や一部の特権者だけが全ての権力を掌握(しょうあく)する王政や貴族政と異なり、民主主義に基づいて行われる民主政治は**権力の集中を防ぎ**、**それを分散**して行います。

17世紀のフランスには、太陽王ルイ14世が君臨していました。ルイ14世は対外侵略戦争を行うたびに、その莫大な戦費を補うべく戦債を起債しました。

ところがルイ14世の侵略戦争はそのほとんどがうまく行かず、戦費を浪費する結果になっていました。このため、ルイ14世は何度も債務不履行（デフォルト）を一方的に宣言し、借金を踏み倒しました。

債権者は司法（王立裁判所）に訴えたとしても、その司法権を握っているのがルイ14世本人でしたから無駄でした。ルイ14世は起債の法的枠組みを作り、戦債を発行し、それを有産者に半ば強制的に買わせます。訴えがあったとしても、それを却下するといったことを1人で全て行うことができたのです。

債権者は借金を踏み倒されても手も足も出せず、泣き寝入りするしかありませんでした。

独裁政治において、君主が失敗をしてもその**原因や責任を追及することはできません**。君主は絶対的な存在であり、誤りを犯すことはないとする「無謬（むびゅう）性」を疑ってはならないのです。

実際には、ルイ14世の政治は間違いだらけで、戦争も負けが続きました。「朕（ちん）

は国家なり」と言い放った太陽王ルイ14世。その「無謬性」に異議を唱える者は容赦なく消されたのです。

権力の集中は、政治のバランスを欠き、歪んでいきます。しかし、その歪みを是正できる者、組織、手段が存在しなければ、悪政の犠牲者を多数生みます。**歴史は、権力の集中が必然的に悪循環に陥ることを証明**しています。

こうした歴史の反省を踏まえ、人々は権力の集中を防ぎ、それを分散させ、権力の暴走を許さないような装置を開発してきました。これが民主主義なのです。

MUST WORD

絶対王政

16世紀から18世紀にかけてヨーロッパ諸国で国王の権力が強大化し、絶対的なものとなったため、絶対王政、または絶対主義体制と呼ばれます。スペインのフェリペ2世、イギリスのエリザベス1世、フランスのルイ14世などの治世がその代表的なものとされます。

民主主義は「con（一緒に）＋stitūtus（作る）」こと

民主主義国において、**権力の分散は憲法によってルール化**されています。

憲法は英語で、constitutionです。constitutionはconstituteという動詞の名詞形です。constituteはラテン語でconstitūtusです。「con（一緒に）＋stitūtus（作る）」というのがもともとの意味です。「uni（単独で）＋作る」のではなく、「con（一緒に）＋作る」のが憲法であり、それを基礎として民主主義は成り立ちます。**憲法は、国民が国家を一緒に作ることを約束した証文**であり、権力者や為政者であっても破ることのできない掟（おきて）のようなものです。

憲法の起源は13世紀に遡（さかのぼ）ります。

当時、イギリス王ジョンは、自らの失策によってフランスとの戦争に敗北し、フランス内の領地のほとんどを失いました。

しかし、ジョン王はそれでもまだ、無謀な戦争を仕掛け、再び敗北しました。

1215年、貴族を中心とした国民が、ジョン王に退位を求め団結します。ジョン王は退位させられることはありませんでしたが、王の権限を大幅に制限する文書を認めました。

この文書は「マグナ・カルタ（大憲章）」と呼ばれます。

「マグナ・カルタ」は王権を法で縛ることを契約したもので、**近代憲法の発祥**とされます。

その中では、

「王は勝手に戦争をはじめてはならない、戦費調達のための課税を一方的にしてはならない」

と規定されています。

議会を召集し、議会の同意を得た上でそれらのことがなされるべきこと（第14条）など、**王権の暴走を防ぐことを目的**としています。

「マグナ・カルタ」は、その後の王権の強大化で反故（ほご）にされますが、17世紀、法学者のエドワード・コークによって、王権に対抗するための市民側の論拠として復活させられます。コークは、「マグナ・カルタは、その上に王を持たない存在である」と有名な言葉を述べています。

その後、「マグナ・カルタ」は、17世紀のイギリス市民革命の成果であり、事実上の憲法である「権利の章典」へ発展継承されました。

さらに、18世紀のアメリカ合衆国憲法の制定に大きな影響を与えます。圧政と戦ってきた人々が、**国家を「con（一緒に）＋stitūtus（作る）」ことを誓う中で憲法は生まれました。**

憲法は人々の民主主義への意志を最も端的に示し、同時に、民主主義というものが何であるかを示しています。

Must Person

エドワード・コーク

王といえども守らなければならない法がある。

17世紀、イギリスの法学者で政治家。庶民院議員。イギリス国王ジェームズ1世が王権の絶対性を主張したのに対して、コークが「法の技法は法律家でないとわからないので、王の判断が法律家の判断に優先することはない。」と主張しました。怒ったジェームズ1世が「王である余が法のもとにあるとの発言は反逆罪にあたる。」と詰問したのに対し、コークは「国王といえども神と法のもとにある。」と答え、一歩も退きませんでした。

02

「武力がものを言えば、法律は沈黙する。」

マルクス・トゥッリウス・キケロ

民主主義はなぜ、長い間実現できなかったのか？

日本国憲法で見る民主主義

過去の歴史において、民衆は人権を持たず、**虐げられた期間がほとんどでした**。人権はないことが当たり前だったのです。まして、民衆に政治的な主権があるという発想などあるはずがありませんでした。

人権が明文化されるのは17～18世紀にかけての市民革命以降です。人類の2000年を超える有史の中で、最近の200～300年程度の期間を除いて、民衆は権力や為政者によって支配され続けてきたのです。

現在の日本が民主主義国であることは、日本国憲法の規定によって確認することができます。日本国憲法の三大原理である、**「国民主権」「基本的人権の尊重」「平和主義」**の3つのうち、最初の2つは民主主義を直接規定する重要な原理となっています。

この三大原理は、ほとんどの先進民主主義国において、形や表現は異なっていたとしても**憲法や法律で規定**されています。

我々民衆にとって、三大原理は明らかな恩恵です。そして、歴史的に見ても、我々の時代以上にこれらの3つの原理の恩恵を民衆が享受(きょうじゅ)できた時代はありません。

基本的人権について、日本国憲法は以下のように定めています。

この憲法が日本国民に保障する基本的人権は、人類の多年にわたる自由獲得の努力の成果であつて、これらの権利は、過去幾多の試錬に堪へ、現在及び将来の国民に対し、侵すことのできない永久の権利として信託されたものである。

（日本国憲法第九十七条）

「人類の多年にわたる自由獲得の努力の成果」という表現や、「過去幾多の試練に堪へ」という表現は、フランス革命などの市民革命に見られるように、**圧政と戦ってきた人々の歴史の重み**を感じさせる部分です。

昔のように人権がなかった時代と、現在のように人権が認められている時代とは、そもそも根本的に何が違うのでしょうか。一般民衆ならば誰でも、日本国憲法の三大原理のようなものを恩恵と感じ、それを実現させたいと思うはずです。では、なぜ、長い歴史の中で実現させることができなかったのでしょうか。

民主主義以前の支配原理

中学の社会科、高校の世界史などの教科書には、近代においてロックやルソーなどの人権思想家が登場し、人権の概念を広めた、とありますが、それは人権が広まったという結果を述べているだけのことに過ぎません。

そもそも、ロックやルソーが述べたような人権の概念が、なぜ広まったのかということを突き止めなければなりません。

過去において、**政治的な権力は武力によって成立**していました。武力の強い者が武力の弱い者を支配する、これが民主主義以前の社会の支配原理でした。

強大な兵力の背景があってはじめて政権を握ることができます。皇帝・王、諸侯（貴族）たち、日本では、将軍、大名たちは、全て**軍事力によってその存在の正当性が保障**されていました。

古代ローマの政治家キケロは著書『国家論』で、以下のように言っています。

Cicero
キケロ

「武力がものを言えば、法律は沈黙する。」

権力の座というものは脆いものです。外敵や内敵、様々な勢力が政権の座を虎視眈々と狙う状況で、唯一、政権を安定させる手段は武力でした。

周りを敵に囲まれ、いつ攻められるかわからない状況下で、民主主義や基本的人権などと言ってはいられません。敵の悪意ある攻撃から民衆を守るために、リーダーは強い軍事力を統率しなければなりませんでした。

近代以前の封建時代に、基本的人権を認めた結果、皆がバラバラなことを言いはじめれば、アッという間に敵対勢力に攻め込まれ、政権は崩壊し、民衆は路頭に迷うほかありません。

軍団を束ね、強い軍事力を保有することができるリーダーだけが権力の正当性を与えられて、政治的主権を行使することができたのです。

Must Person

マルクス・トゥッリウス・キケロ

我々が自由でありうるために、我々全員が法律の奴隷となる。

紀元前1世紀の雄弁さで知られるローマの政治家。カエサル（シーザー）の独裁と対立し、共和政を守ろうとしました。ローマ法を再編成し、法治理念を中心とした共和政を目指しました。18世紀、モンテスキューやヴォルテールらにより、民主主義の先導者として再評価されます。

軍人ではない女王エリザベス1世

軍事力を統率する者は1人でなければなりません。同程度の権力者が存在すると、指揮系統がバラバラになり、軍団そのものの機能がマヒしてしまうからです。

そのため、独裁者は、**軍事が全てに優先する封建時代にあって必然**でした。

15世紀以降、戦争のあり方が大きく変わってきます。ヨーロッパで、大砲や小銃の開発・改良が14世紀からはじまり、15世紀には、それらは実戦で使用されはじめます。15世紀末までに、開発・改良はほぼ終了し、大砲や小銃の兵器応用が戦争の勝敗を大きく左右するようになります。16世紀には、兵器応用に伴う戦術が高度化し、従来のように兵力数の大小だけで力勝負する時代は終わったのです。

中世の封建時代では、戦争が起きると、騎士団が召集されていましたが、16世紀以降、国家が軍事専門の常備軍を組織します。軍人たちは厳格な指揮命令系統に服し、各分野において、分業体制が徹底されます。軍部の統制は高度に組織化されて、外部からの介入を受けることはなくなります。

軍事のプロが養成される時代になり、特殊な軍事教育を受けた者が軍人になりました。高度な経験や技能を有する軍事は、軍事部門だけで完結されるようになり、徐々（じょじょ）に政治と切り離されていきます。

軍の専門化によって、**政治と軍事の分離が明確になされる**ようになり、軍事のことはプロの軍人に任せるという不文律が成立しはじめます。

特に、砲術を主たる戦術とする海軍は、高度な専門家の集団となり、政治家が口出しすることはできない領域として早い時期から独立しました。

海軍を主戦力としたのは島国イギリスです。イギリスでは、特に政治と軍事の分立が進み、軍人でない者が王になりました。16世紀後半に活躍したエリザベス1世は女性の王でした。女性はもちろん、軍人にはなれません。イギリスにおけるエリザベス1世の存在は、政治的な指導者が軍事に直接関与しないことを前提にしていたことの表れです。

かつて、強い軍事力の統率によって民衆を災禍から守ることが政治権力の役割であり、その正当性のおもな根拠となっていました。

しかし、16世紀以降、イギリスでは政治と軍事の役割が切り離され、政治権力の正当性が、**軍事力によって保障される時代は終わります。**

Must Person
エリザベス1世

私が女であったことが、新しい政治への橋渡しになったのね。

16世紀後半のイギリス王。前王たちが、カトリックやプロテスタントを弾圧するなど、宗教の弾圧が激しかったのに対し、エリザベス1世は「心までは統治しない」と宗教への宥和政策を展開しました。女性の王の統治が認められていたイギリスでは、当時の他国と比べ、女性に自由が与えられていたことで知られます。当時、イギリスを訪れたスペイン人やイタリア人たちは、女性に寛大なイギリス社会を批判的に見ていました。

武力の保障から法の保障へ

では、政治権力の正当性は何によって保障されるのか。この新たな問いを人々が共有しはじめたことが、近代という時代のはじまりでした。

キケロは古代ローマの時代に、

「武力がものを言えば、法律は沈黙する。」

と言いました。

近代では、このキケロの言葉とは逆の状態が起こりました。軍事の専門独立化で、政治の中で「武力がものを言う」状態が縮減され、代わりに**法律がものを言いはじめます。**

近代以降、法によって国家や権力の存在が規定され、その正当性も公的に保障されていく、いわゆる**法治国家の礎が形成**されていきます。

16世紀の近代初期の法治国家の最大の功績は、**所有権という法の考え方を人々に普及させたこと**です。

本来、自然状態には所有権は存在しません。自然状態において、武力で財やモノを奪い合うことだけがあったに過ぎません。

人間の社会における所有権は、**公的権力がそれを認め、保障することによってはじめて成立する**ものです。

ここに、政治が果たすべき新しい役割が認識されるようになります。

17世紀イギリスの思想家ジョン・ロックは著書『統治二論』の中で、以下のように言っています。

John Locke
ジョン・ロック

「政治社会というものは、それ自体のうちに、所有物を保全する権力と、そのための、社会の人々のすべての犯罪を処罰する権力をもたなければ、存在することも存続することもできない。」

封建時代において、土地や領地の所有は領主が有する兵力によって固められていました。領主が主張するテリトリーに侵略者が入ったとき、テリトリーは、領主の兵士たちが侵略者を武力で追い払うことができれば守られ、追い払うことができなければ奪われました。封建時代には所有権という概念がなく、土地や領地の所有は武力の優劣によって決定づけられていました。日本の戦国時代の国盗り合戦のようなイメージです。

16世紀以降、初期の法治国家では、**国家権力は土地の所有権を法的に保障**します。今でいう土地の登記簿のような証書を王や皇帝の名で発行し、法的な保障としました。法に逆らい、武力で所有権を侵犯する者は国家権力が制裁を加えます。武力で土地所有を守ることと比べ、法的な保障は証書一枚で済む話で、はるかに合理的であることに人々が気付きはじめました。

こうして、所有権などの個人の権利が認められ、法的な所有権の考え方が社会全体に一般化されていきます。

近代において、国家権力と個人の権利との法的な関係性が形成されはじめ、**法の支配の地位が確立**されます。

そして、法の支配の歴史的な蓄積と発展の中から、個人の権利が質量ともに拡大されていき、徐々に民主主義がその姿を現しはじめるのです。

Must Person

ジョン・ロック

国民は至高の存在として行動する権利を持つ。

17世紀イギリスの思想家。主著、『統治二論』で、人民が政府に託した支配権は、人民の財産権や幸福の保障を前提にするものである、と述べています。もし、それが阻害(そがい)された場合には、人民は委任した支配権の撤回や支配者の交替を要求できるという革命権（抵抗権）があることを主張しました。こうした立場から、ロックはイギリス市民革命を擁護しました。

03

「民衆がものを考えないということは、支配者にとっては実に幸運なことだ。」

アドルフ・ヒトラー

無知だった民衆はなぜ、近代的な「市民」となれたのか？

ブルジョワが特権階級を葬った！

近代民主主義は、**血によって獲得されたもの**です。王族や貴族などの特権階級が、おとなしく自らの権力を民衆に譲り渡したのではありません。民衆は市民革命によって、王族や貴族を殺し、権力を強引に奪い取ったのです。

17世紀のピューリタン革命で、イギリス王チャールズ1世は民衆の手によって処刑されています。

フランスでは、大勢の特権階級や革命の反対者を迅速に処刑するために、「ギロチン」という自動で確実に首が切断される断頭台が考案されたほどです。18世紀のフランス革命で、フランス王ルイ16世とその妃マリー・アントワネットはこの断頭台の露と消えました。

民主主義誕生の歴史とは、陰惨（いんさん）な血塗られた歴史でした。

18〜19世紀、欧米では、**ブルジョワと呼ばれる市民階級が台頭**します。ブルジョワとは**商工業に携わるビジネスパーソン**のことです。大銀行の社長も企業の社長も中小企業商店の社員も、皆一様にビジネスパーソンである限りブルジョワです。剣を振り回していた王や貴族などの特権階級の時代が終わり、今日型のビジネスパーソンが世の中を動かす時代になります。

ブルジョワは、ドイツ語のブルク（Burg 都市、城）に由来する言葉です。中世において、城壁の中でマーケットが開催されました。そのマーケットに関わった商工業の従事者たちを「城壁の中の住民」として、ブルガー Bürger と呼びました。

フランス語でブルジョワ Bourgeois です。フランス革命で商工業者のブルジョワが活躍し、大きな社会的影響力を持ったため、フランス語読みのブルジョワが一般化しました。

ブルジョワは市民革命であるフランス革命を担ったことから、**市民という意味を持つ**ようにもなります。

資本主義経済の発展とともに、ヨーロッパ社会が高度成長し、富の余剰が国民に行き渡った結果、広範な中産市民が育ちます。大きな勢力に成長したブルジョワ市民たちは、王侯・貴族・地主などの特権階級を市民革命によって葬り、既得権を打破しました。

そして、ブルジョワの手によって民主主義が確立されていきます。

民衆は哀れな隷属民だった

ヨーロッパでは、近代民主主義が確立される以前、**絶対王政と呼ばれる王の独裁体制**が敷かれていました。前述のフランス王ルイ14世などが絶対君主として有名です。

絶対王政は相次ぐ戦争で疲弊し、極度の財政難に陥り、行き詰まります。

MUST AFFAIRS

フランス革命以前の階級別人口構成

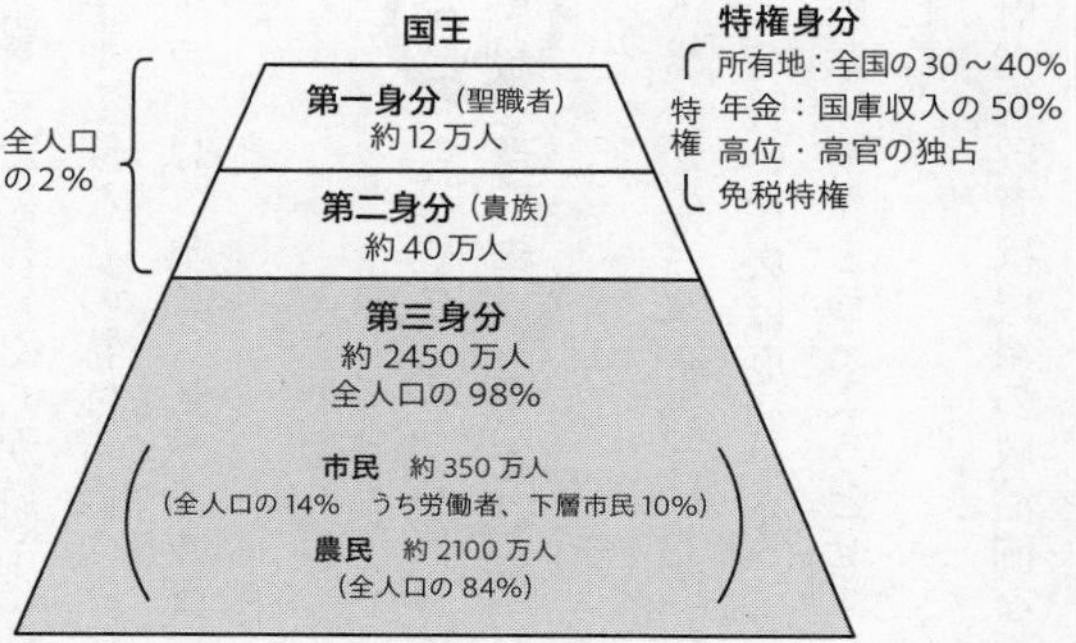

一方、資本主義経済の発展はブルジョワ階級の更なる成長へと繋がり、彼らは従来の特権社会の構造を否定します。

絶対主義体制下において、植民地経営や貿易に参画し、利益を挙げることができたのは一部の特権貴族や特権商人たちのみで、彼ら特権勢力が王権と癒着し、諸々の利権を独占することが常態化していました。

利権の恩恵に属さない一般民衆は、王政の財政難を補塡するための重税に苦しみ、抑圧されていました。

人口の大半を占める一般民衆には教育が施されず、無知故に**小作人や単純労働者として専ら使役され、搾取されていた**のです。

民衆は政治的知識を与えられず、政治か

ら完全にシャットアウトされていました。

民衆もまた、自分たちが政治に関わろうという発想すら持ちませんでした。民衆は王や貴族などの特権階級の隷属民に過ぎませんでした。

ヒトラーは、無知な民衆を支配するのは容易であることを以下のように表現しています。

Hitler
ヒトラー

「民衆がものを考えないということは、支配者にとっては実に幸運なことだ。」

ヒトラーが生きた20世紀においても、18世紀の王政の時代においても、支配者にとって賢い民衆は厄介（やっかい）です。支配者は、民衆が無知なままでいるように仕向け、民衆に情報を与えようとせず、誤った迷信を吹き込み、それに傾倒させようとします。

政府や為政者は民衆の政治的な判断を助けるような**情報・選択肢を与えない**傾向を持っています。政治エリートは自らの既得権を守るため、民衆に情報を与えず、政治への関わりを遮断しながら民衆の無関心を助長します。

政治から遮断された民衆は、政治経験の乏しさのため、さらに政治への関心をなくしていくという**負のスパイラルに陥ります**。

このスパイラルこそ、政治エリートが既得権や特権を蓄えていく温床となります。ひとたび形成された負のスパイラルは、なかなか絶ち切ることはできません。「民衆は無知」という以上に、「民衆は無知」な状態に陥らせられている、と言えます。

このような負のスパイラルを打破するべく登場したのが、ヴォルテールやジョン・ロックなどの啓蒙思想家です。

啓蒙思想家は一般民衆の無知（蒙）を啓き、民衆の理性の目覚めによって、一部の特権階級が牛耳る閉鎖的社会を打破していこうとしました。

彼らは中世の時代以来、迷信や宗教的慣習に束縛されている民衆を啓発し、理性や合理精神を持った近代的人間へ民衆が成長することを目指し、その自立的行動によって特権社会を解体しようとしました。

Voltaire
ヴォルテール

「近代的な政治をするために、民衆も賢明にならなければならない。」

啓蒙思想の広がりにより**絶対主義が否定**され、17世紀のイギリス革命、18世紀のアメリカ独立革命、フランス革命といった市民革命が起こり、ブルジョワ市民社会、近代民主主義への移行を目指します。

Must Person
ヴォルテール

あらゆる人は同等である。それを異なるものにするのは生まれではなくて、徳にあるのみ。

フランスの啓蒙思想家。封建的な保守貴族と論争や衝突を繰り返し、１７１７年、バスティーユに投獄され、その後、イギリスへ向かいます。当時、イギリスは名誉革命を経て、議会主義が定着、ヴォルテールはロックやニュートンらのイギリス人学者に大きな影響を受け、主著『哲学書簡』でイギリスの先進性を賛美しました。

MUST AFFAIRS

各国の市民革命の歩み

イギリス	1642年 ピューリタン革命 1688年 名誉革命 成果『権利の章典』 ↓議会制民主主義へ
フランス	1789年 フランス革命 成果『ナポレオン法典』 ↓ブルジョワ市民階級の財産権・所有権獲得
アメリカ	1775年 アメリカ独立革命 成果『アメリカ合衆国憲法』 ↓人民主権、三権分立の確立
プロイセン、オーストリア、ロシア	啓蒙専制君主が登場し、「上からの近代化」を進める

民主主義の発展は5段階

欧米の市民革命は、民主主義化への大きなステップでしたが、これで民主主義がはじまったわけではありません。

市民革命で、「王侯・貴族を中心とする社会」から**「ブルジョワ市民階級を中心**

とする社会」への移行が果たされます（次ページ「民主主義の発展段階」第2段階）。

工場経営者や産業資本家であるブルジョワは、産業革命の波に乗り、大きな利益を挙げます。その豊富な資金力を背景に、近代の社会を牽引し、政治への発言力を強め、参政権を獲得していきます。

このブルジョワたちは、中産階級とはいえ、欧米各国で全人口の1割に満たない数で、その他、9割の人口は工業労働者や農業労働者（農民）として、政治から排除されていました。

王侯・貴族に代わり、ブルジョワが新たな特権勢力として権勢をふるっていました。未だ、一般民衆のための民主主義には達していない状況でした。

19世紀において、労働者は現在とは違い、労働組合もなく、人権の保護もされないまま**安い賃金で酷使**されていました。

ブルジョワ階級の工場経営者だったイギリスのロバート・オーウェンは、過酷な条件で働かされる労働者たちに同情を覚え、人道主義的に保護しました。

オーウェンは労働者の権利を保護する工場を創設し、労働者運動の先駆をなしました。

MUST AFFAIRS

民主主義の発展段階

	時代	参政権範囲
原初段階	封建時代（中世）	各地域で、武力を背景にした軍事政権
第１段階	近代初期（絶対主義時代）	王、特権貴族、特権商人
第２段階	近代中期（市民革命時代）	ブルジョワ市民階級（中産階級）
第３段階	近代後期（労働運動の隆盛）	労働者（下層階級）
第４段階	現代（フェミニズム運動の隆盛）	成人男女

フランスでは、サン・シモンやシャルル・フーリエなどが労働者保護を主張します。

サン・シモンは、

「政府の役割は生産における自由と安全を維持することである。」

と定義しました。

産業における生産を担う者とは、企業家や経営者（ブルジョワ）だけではなく、その下で働く労働者や、店員、さらに農業従事者では、小作人も入ることをサン・シモンは指摘しています。

しかし、資本主義の社会において、利益は次への投資に優先的に回され、生産ラインをさらに拡充しなければならず、労働者への利益の分配は必然的に後回しにされるものです。労働者を優遇し過ぎると工場の設備投資金を確保できず、生産競争に負けてしまいます。

また、製品の価格を下げ競争力を高めるためにも、労働賃金をカットし、生産のコストを抑えなければなりません。「安くて良いもの」を生産するということは労働者を酷使しながらも、低賃金しか払わないということであり、労働者の反発を必然的に生みます。

雇用主である**ブルジョワ階級と労働者階級との軋轢**は簡単に解消されることはありません。

マルクスはブルジョワの労働者支配を打破する唯一の方法は労働者革命という武力を伴ったクーデタであると主張しています。

Marx
マルクス

「我々が階級的な真理を証明するためには、曖昧な決着ではなく、プロレタリア革命以外にない。」

マルクスは、労働者が団結をし、資本家たる**ブルジョワ階級を武力で排除**し、新しい社会主義体制を作り上げるべき、と主張したのです。

しかし実際には、ヨーロッパ各国の労働者政党は、マルクスの武力革命を否定し、**議会政治の中で合法的に労働者の権利を拡大**する方法をとります。民主主義的な選挙で付託を受けた議員や議会によって、労働者運動を広げようとする考え方は穏当で、現実味があり、当時の資本主義のシステムを急激に変えるものではなく、人々にも理解されて普及していきました。

これとともに、ドイツの社会民主党、イギリスの労働党、フランスの社会党など、各国で社会主義政党が議会で大きな勢力を持ちはじめ、労働者の政治参加が拡大し、19世紀後半、各国で労働者の参政権が認められていきます（51ページ「民主主義の発展段階」の第3段階）。各国で、女性に参政権が認められるのは20世紀に入ってからです（51ページ「民主主義の発展段階」第4段階）。

奴隷制はなくなったのか?

石炭や石油が動力エネルギーとして使用される以前、動力エネルギーは人間の労働力でした。つまり、奴隷です。近代以前、奴隷こそが唯一、**生産を達成するための動力源**でした。

古代ローマ帝国は、対外拡大政策を積極的に行い、領土を拡大するのと同時に征服地の住民を奴隷にしました。

帝国の経済は、奴隷たちの労働によって成立し、1割にも満たないローマ市民の豊かな生活を、大多数の奴隷人口が支えていたのです。

圧倒的多数の奴隷が結束し、少数の支配者に反旗を翻(ひるがえ)せば体制は崩壊します。少しでも、支配者に対し反抗的な態度を取った奴隷は、見せしめに処刑されました。

ローマに限らず、どこの地域でも様々な恐ろしい残虐な処刑方法が考案されました。現在の我々から見れば、「何と野蛮な」と思うかも知れませんが、反乱を恐れた支配者の恐怖がそうさせたのです。残虐さを緩めれば、多数派を形成する奴隷たちが襲いかかってくる危険があり、支配者は自分の身を守るためにも、残虐な処刑に頼らざるを得なかったのです。

奴隷の労働力によって国家の生産基盤が成立するという仕組みは、中国の歴代王朝も、イスラムの諸王朝も、日本も、全て同じです。大量の奴隷を酷使し、奴隷にムチ打ち、生産力を上げた国家が繁栄したのです。

前述のように、民主主義の長い歩みの中で、近代以降奴隷的な支配は非人道的なものとして排除されて、労働者や下層民に主権や人権が与えられました。労働者を奴隷の如く非人道的に酷使することは、現代の民主主義国家において許されません。

では、奴隷的な労働酷使が民主主義国家において消えてなくなったのかというと、実はそうではありません。奴隷的労働は現在でも必要とされています。

しかし、それが、国内で許されていないため国外に求められるのです。先進国が途上国へ進出し、現地の安い労働力を大量に雇い入れます。

彼らは一日中働いて数百円の賃金しか貰えません。一日中、数百円の賃金で酷使することが人道的と言えないことは明らかです。

では、彼らに数千円の「人道的」な賃金を払えばどうなるでしょうか。我々の周りの全ての生活物品が値上がりし、我々が生活に困窮します。「100円ショップ」が「1000円ショップ」になってしまいます。つまり、我々の豊かな生活は、**見えざる労働力の搾取によって成り立っています。**

19世紀に、ヨーロッパの労働者が隷属状態から解放されていく背景にも、同じく彼らの代わりに国外で奴隷的労働を担った人々の存在があったことを忘れてはなりません。当時、ヨーロッパ列強は植民地支配を拡大させていく中で、自国の労働者が担っていた奴隷的な労働を**植民地の人々に肩代わりさせ、担わせました。**

現在の我々が人権という美名を装ったとしても、強者が弱者を支配するという現実は変わりません。現在では、「奴隷」という言葉を使わないだけで、実際には奴隷制に等しいことが行われています。

労働搾取という強引な収奪は、この地上から簡単には消えません。まさに、我々は、ローマ帝国と変わらない隷属的な生産システムに依拠しているのです。見せしめの処刑など、露骨なことがないだけで、それ以外の搾取のシステムは同じと言っても過言ではないのです。

Chapter 2

「主権」と民主主義

――国民が主人公というまやかし

04

「無関心は権力者、統治者への静かな支持である。」

ヴラディーミル・レーニン

国民が「主人公」とは、どういう意味なのか？

「1億分の1」の主権

「国民主権」について、日本国憲法前文の第一段に、

「ここに主権が国民に存することを宣言し、この憲法を確定する。」

「そもそも国政は、国民の厳粛な信託によるものであつて、その権威は国民に由来し、その権力は国民の代表者がこれを行使し、その福利は国民がこれを享受す

る。」

とあり、さらに、憲法第一条に、

「天皇は、日本国の象徴であり日本国民統合の象徴であつて、この地位は、主権の存する日本国民の総意に基く。」

とあります。

これらの憲法の規定によって、「国民主権」の原理の存在が明らかにされます。民主主義は、**国民の一人ひとりが政治的な主権を持ち、選挙を通じて代表機関である議会の議員を選出し、もしくは国民投票などを通じて、主権を行使するもの**です。

民主主義やその政治が「国民のもの」と言われていますが、我々には、どんな決定権や影響力があるのでしょうか。

日本の有権者総数はおよそ1億人（総務省発表による2022年6月21日、参院選公示に合わせての選挙人名簿登録者（有権者）数は1億543万8137人）です。国政選挙のときに、我々は「1億分の1」の主権を行使します。「主権が国民に存する」とは仰々しい言い方ですが、その主権の重みは「1億分の1」しかないというのが事実です。

「1億分の1」とは、大河の水の一滴の如しです。その一滴を大河に注ぐこと、つまり投票に行くことが主権を行使するということです。大河の水の一滴があろうとなかろうと、大した影響はない、つまり、「自分が選挙に行ったところで、何も変わりはしない」と多くの人が考えています。

東京ドームの収容人数が約5万人です。5万人というのは、見渡す限り人で埋め尽くされている状態です。会場のテレビモニターなどで映し出される群衆の中において、1人の姿は「点」です。

東京ドーム2000杯を合わせれば1億人になります。「1億分の1」、1億人中の1人というのは「点」ですらなく、目に見えないほどの「塵（ちり）」です。

実際のところ、「主権者は国民」、「国民が主人公」などという言葉を聞いても、実感がない、というのが多くの人の感覚でしょう。その主権が「1億分の1」でしかない限り、主権行使の実感などあろうはずがなく、その結果、選挙に足を運ぼうという気も薄れてしまうのです。そのような意識が、「投票率の低下」という現象として顕著に現れるのです。

政治家と国民の距離はなぜ、縮まらないのか？

「国民主権」によって決定された政治において、その結果や責任は**主権者たる国民に帰属**します。政治家がとんでもない失敗をしたとしても、その政治家に責任や罪を問うことは本来できません。政治家はさっさと辞職すれば済むだけのことで、残った責任や後始末は国民に押し付けられます。

しかし、その責任も「1億分の1」ですから、誰がどうやって責任を取るのかハッキリしません。政治の失敗があったとしても、その責任の実感はありません。

我々は**主権を行使する実感もなく、その結果や責任を負うという実感もありません**。「1億分の1」という天文学的な数字が、政治に対する全ての実感やリアリティをマヒさせるのです。政治と有権者の距離が離れてしまう原因がここにあります。

本来、自分達のことであるはずの政治が、**自分達とは関係のないもの**として切り離されていく心理が、知らず知らずのうちに働いています。

ロシア革命の指導者レーニンは、人々が政治に関心を持たないことの危険性について以下のように主張しています。

Lenin
レーニン

「無関心は権力者、統治者への静かな支持である。」

レーニンの言うように、為政者たちにとって、人々の「無関心」はむしろ歓迎するべきものなのかもしれません。

「自分達の政治なんだからよく考えよう」

とか、

「市民のための政治に積極参加」

とか言われても、有権者はヒマではありません。

「1億分の1」のために、わざわざ時間をかけて政治の検証や研究をしながら慎重に投票する、という人は少ないでしょう。昨今の投票率を見てわかるように、有権者の半分は選挙会場に足を運びません。

また、「1億分の1」にもかかわらず、必死になって政治運動や選挙運動をやっている人を見ると、「何か怪しい」と疑ってしまいます。

「癒着があるのではないか」

「既得権益を守ろうとしているのだろう」

「業界の補助金が欲しいのだろう」

など、政治に関わる人を冷めた目で見てしまいます。

実際、政治に積極的に関わる人というのは、一般市民と色々な意味で感覚の違う人が多いようです。

一般人にとって、政治というものは特殊な人間のための特殊な世界に見えてしまうのです。こうしたことも、政治が国民から切り離されていく大きな原因となっています。

Must Person
ヴラディーミル・レーニン

無関心であるということは今のままで良いということですね?

1917年のロシア革命の指導者、ソ連の創設者。裕福な貴族の子として生まれました。レーニンが高校生だった頃、大学生の兄アレクサンドルが皇帝暗殺未遂事件の主犯として処刑されたことがレーニンの思想形成に大きな影響を及ぼしました。大学では、学生運動に加わり、退学になります。このとき、チェルヌィシェーフスキイの小説『何をなすべきか』を読んで、革命家の道を歩むことを決意し、マルクス主義に傾倒していきます。

だれもが政治家になり得た古代ギリシア

こうした事実を目の当たりにすると、民主主義は単なる理想に過ぎないのではないか、という疑いを抱く方も多いでしょう。

では、民主主義に代わる政治体制として、独裁政治、財産制限政治を選択するかと言われれば、それはあまりにも極端であり、現実的ではありません。

現在の日本において、食べ物がなく餓死する国民は一部の例外を除いて皆無です。教育を受けられず、読み書きができない人もいません。福祉・医療、治安、

MUST AFFAIRS

古代アテネの直接民主主義

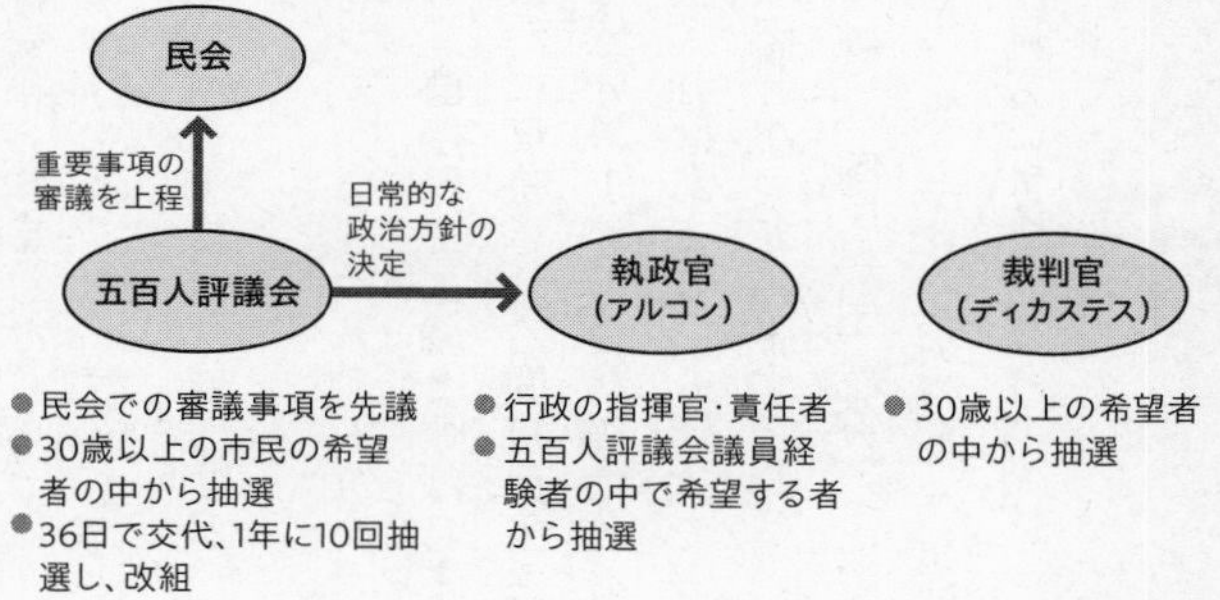

環境、交通など、おおよそのことが有権者の要望に叶い、民主主義的な政治・行政は機能していると言えます。

今から2600年前、日本が弥生時代に入ったと考えられている紀元前6世紀、古代ギリシアのアテネでは、民主政治がなされていました。

10の地区から50人ずつ、くじ引きの抽選で選ばれた議員で構成される「五百人評議会」が開かれていました。執政官や裁判官なども、アテネ市民の中から、クジ引きで選出していました。

日常の政治・行政の方針決定・管理は、行政官や「五百人評議会」が行いましたが、重要事項の決定は、「民会」という最高議決機関に委ねられました。

成人男性のアテネ市民ならば誰でも、「民会」に参加することができ、議決権を行使することもできました。

このような古代アテネの政治運営の方法は、普通の市民が直接政治に参画するため、**直接民主主義**と呼ばれます。政治家を選挙で選び、有権者の意思を間接的に政治に反映させる**間接民主主義**とは異なります。

「1億分の1」の投票権で政治家を選び、政治家が実際の政治を行うという間接民主主義はあまりにも迂遠(うえん)で、国民が政治を自分のものと認識することのできない原因となっています。

では、「国民が主人公」であることを体現するために、国民が誰でも政治家になり得る、ギリシアのような抽選制の直接民主主義を行うことができるかどうか、見ていきましょう。

Must Person
クレイステネス

私がアテネの民主政治を完成させた。

アテネの政治家。一部の貴族のみが癒着や世襲を繰り返し、特権を享受できる血縁部族体制を打破するために、地域ブロックを10に分けた新しい区割りに基づく「五百人評議会」の創設を断行しました。また、独裁者の出現を防ぐため、危険人物を選出する住民投票の仕組みを創設しました。

間接民主主義は民主主義ではない？

古代アテネの直接民主主義のように、現代でも議員や行政官が無作為の抽選で市民の中から選ばれれば、既得権にまみれた政治家に民意を歪められることもなく、民主主義の純度も高まります。

そして、重要事項を「民会」で議決したように、国民投票に掛ければ民意は確実に反映されます。

18世紀の思想家ルソーは以下のように主張しています。

「直接民主主義こそが真の民主主義である」

しかし、民主主義の先進各国の中で直接民主主義を採用している国は、歴史上も現在もありません。どの先進各国も**選挙で政治家を選ぶ間接民主主義**をとり、議員を抽選で無作為に選ぶということはしていません。

なぜ、先進各国は民主主義の純粋な姿ともいえる直接民主主義を採用しないのでしょうか。

その理由を一言で言えば、高度な政治判断を国民一般に委ねることはできない、資質や識見の豊かな者が**職業政治家や職業行政官として難しい決断をすべき**、ということになります。

古代ギリシアのプラトンやアリストテレスは、直接民主主義は政治を堕落(だらく)させ、貶(おとし)めるものであると批判しています。

Must Person
プラトン

民衆に政治をさせてはいけない。哲学者による哲人政治こそが理想だ。

前4世紀に活躍したソクラテスの一番弟子。古代アテネを代表する哲学者。主著『国家』の中で哲人政治の理想を説いています。民主政治はひとたび、誤った方向に傾くと、極論化し、無知な民衆を扇動するデマゴーゴス（扇動政治家）が幅をきかす衆愚政治に陥る、と主張しました。

古代ギリシアは奴隷社会でした。アテネ市民は奴隷を何人も召し抱えており、自らが労働を行うことのない有閑階級でした。抽選に当たり、明日から政治家の仕事をやれ、と言われても引き受けることができました。

現代の我々はそれぞれの仕事を持っています。その仕事を放置して、政治家としての仕事をいきなり引き受けることはできません。

また、現代の政治は、古代ギリシアの政治と比べ、比較にならないほど高度に細分化されたものです。複雑で難しい政治課題を、我々一般人が**何の知識も経験もない状態で取り扱うことなど不可能**です。

「国民主権」の政治を体現するためには、直接民主主義を採用することが理想です。しかし、現実にはそれができないために、迂遠な間接民主主義を採用せざるを得ません。そして、「1億分の1」の主権を国民が行使することで、何とか辛うじて「国民主権」の体裁を保つことができます。

民主主義は体裁・体面が先行する形式と手続きによって成立しています。**形式と手続きこそが現代の民主主義の実体**であり、我々が民主主義を守ろうとするならば、この形式と手続きを軽んじることはできません。

それがたとえ、「1億分の1」という大河の水の一滴の如きものであったとしても。

MUST WORD

民主主義の語源

民主主義、デモクラシー（democracy）という言葉は、ギリシア語の「デモクラティア（demokratia）」から来ています。デモス（demos）は人民の意味で、クラティア（kratia）は制度を意味します。日本では、デモクラシーを民主主義と訳しますが、「主義」という主張を表す意味合いはなく、民主制という制度を表す意味しか、本来、持っていません。

05

「選挙権が欲しければカネ持ちになりたまえ！」

フランソワ・ギゾー

民主主義は誰のものか？

民主主義はエリートのもの？

あなたの有する主権が、現在のように「1億分の1」ではなく、「1万分の1」ならば、その重みが増し、政治について真剣に関わろうとするでしょうか。

では「1000分の1」、「100分の1」と更に重みが増したらどうでしょうか。真剣に関わろうとする人の割合は確実に高くなっていくでしょう。

「100分の1」と言えば、責任重大です。何らかの政治的な失敗をしたとき

MUST AFFAIRS

各国で普通選挙が確立した年

国名	男	女
日本	1925年	1945年
フランス	1848年	1944年
アメリカ	1870年	1920年
ドイツ	1871年	1919年
イタリア	1918年	1945年
イギリス	1918年	1928年

に、その１００人が有権者として責任を取るのならばかなり具体的です。決定権も大きく、責任も大きい、イヤでも真剣にならざるを得ません。

このように、少数の限られた人にだけ主権を与え、政治に真剣に関わらせ、思慮のある賢明な政治を行おうという考え方は理に適っています。

歴史上、実際に先進各国は、**一部の少数の人にだけ政治主権、つまり選挙権を与える制限選挙を採用**してきました。現在のような「１億分の１」型の普通選挙による、全員参加の政治がまともに機能するということを想定していなかったのです。

日本は、１９２５年（大正14年）、大正デモクラシーの民主化運動の高まりの中、男子普通選挙法が制定されます。その後、第二次世界大戦後には女性に選挙権が与えられました。

世界に先駆けて、17世紀には議会制民主主義が定着していたイギリスでさえ、男子普通選挙が施行されたのは1918年になってからでした。

民主主義を建国の基本理念としたアメリカも、18世紀の建国当初は普通選挙を想定していませんでした。

市民革命後の近代において、全人口の数%の人だけが選挙権を持ち、それによって選ばれた代表者が議会を構成し、政治を主導していくという**エリート型の民主主義が長く続いてきました**。与えられる主権はほんの少数でしたが、その重みは現在の「1億分の1」とは比較になりません。

後付けだった「国民主権」

1840年代に活躍したフランスの政治家ギゾーは以下のように言っています。

Guizot
ギゾー

「選挙権が欲しければカネ持ちになりたまえ！」

フランスをはじめとする欧米各国は、納税額や財産所有を基準にし、一部の富裕層にだけ選挙権を与えました。民主主義はその創草期において、**財産制限選挙を一般原則にしていた**のです。

財産制限選挙と聞くと、貧乏人を差別していると理解しがちです。しかし、理論的に言えば、国家の政治に「真摯な関心」を持つ者のみが選挙権を与えられるべきであり、また、それを条件とする、という簡潔で合理的な考え方によるものです。

高額納税者は国家の財政負担に大いに貢献し、自らが支払った税金の使い途（みち）に「真摯な関心」を持ち得ると評価され、選挙権を付与されました。また、国家に土地を有するということが市民権の証（あか）しであり、政治に「真摯な関心」を持ち得る客観的な材料とされます。爵位などの高い身分を持つ者も選挙権付与の対象となりました。

かつて、選挙権付与には、国家やその政治への「真摯な関心」を持つという条件が前提としてあり、それを客観的に証明するために納税額や土地所有面積を基準に用いました。

民主主義を歴史的に見たとき、そもそも民主主義には国民の全てが参政権を有する「国民主権」という考え方はありませんでした。今日の我々が持っている**「民主主義＝全員参加の政治」という概念は後世に付け足されたもの**に過ぎず、決して、民主主義の普遍の論理ではありません。

富裕なエリート層が投票権を持ち、限られた範囲で政治の意思決定を充実させる、それが民主主義の一般原理とされ、円滑に運営された時期が長く続いたのです。

Must Person

フランソワ・ギゾー

私の発言がいけなかったのか、デモが激しくなり、首相を解任させられてしまった。

フランスの政治家。労働者の普通選挙要求運動を弾圧し、保守主義の立場から自由主義に反対しました。内相、文相、外相、首相を歴任。１８４８年、二月革命で失脚し、イギリスに亡命。歴史家としても著名で、『ヨーロッパ文明史』などの著作があります。

女性に選挙権が与えられなかった理由

先進各国では、20世紀まで女性に選挙権が与えられていませんでした。第一次世界大戦が終わった翌年の1919年以降、ようやくドイツやアメリカで女性の選挙権が認められはじめます。

日本では、第二次世界大戦後の1945年に女性の選挙権が認められました。フランス革命などの市民革命は、中産階級によって担われました。彼らは家族を従業員とする中小企業や町工場の経営者でした。綿織物などの繊維工業がおもな業態です。

そこでは、家父長的家族制度による企業運営がなされ、年少者や女性の従属によって現場の生産が支えられていました。

市民革命は、平等な市民社会を目標としながらも妻や娘に対する男性の支配を温存し、家父長的家族制度を維持しようとしました。当時の家族経営的な産業形態が**女性の従属的地位を固定化**させていました。

20世紀に入り、重化学を中心とする企業の大規模化が進みます。中産的な中小企業が巨大企業に統合されて、家族経営が解体されます。巨大企業の中で、能力のある者は男性・女性を問わず、広範囲にわたる職種で出世することができました。現代の会社勤務に近い働き方が確立されていく状況の中で女性の社会進出が可能となり、女性はようやく市民権を得て、選挙権をも認められるようになります。

MUST WORD

『女権宣言』

フランス革命期の1791年、オランプ・ド・グージュは、『女権宣言』という著作を著しました。これは、王妃マリー・アントワネットへ女性の人権を認めるよう、請願として執筆されたものです。グージュ女史の案はフランス革命議会へ提案されましたが、ほとんどの議員は無視しました。

民主主義はなぜ、危機に瀕しているのか？

近代化の過程において、政治に対する「真摯な関心」は納税額や土地所有面積の大小だけで決められるのか、という議論が生じます。

19世紀、資本主義が発展すると労働者階級が台頭します。労働者の納税額は少ないかも知れません。しかし、彼らは国家の産業を動かし、維持していくための重要な役割を階級として担っています。

労働者は労働によって、国家に貢献し、政治に対して「真摯な関心」を持ちはじめ、選挙権を求めるようになります。

1830年代後半から50年代にかけてのイギリスでは、チャーティスト運動と呼ばれる、労働者階級を中心とした普通選挙権を要求する運動が巻き起こりました。チャーティスト運動は、直接には実を結びませんでしたが、1867年の第2次選挙法改正で、都市労働者に選挙権が与えられました。

その後、都市労働者だけでなく、農村労働者にも選挙権が与えられます。

MUST WORD

チャーティスト運動

イギリスで、1830年代後半から、労働者階級を中心になされた成年男子の普通選挙権を要求する運動。人民憲章（People's Charter）を掲げたため、チャーティスト運動と呼ばれます。100万～300万の署名を集め、数回にわたり、議会に請願しましたが、否決されたり、無視されたりしました。

近代国家の成熟とともに、富裕層、労働者層などの階級を問わず、国民である限りは、国家の政治に対し、「真摯な関心」を有するはずだ、という考えが広がるようになります。こうした考えを基に日本を含む各国で、普通選挙が実施されるようになったのです。

しかし、今日の我が国のように、政治に「真摯な関心」を持たない、つまり、選挙に行かない国民が多数存在するという現象が、世界各国で実際に起こっています。民主主義における主権の付与は、歴史的に国家の政治に対する「真摯な関心」が前提でしたが、いつの間にか、**その前提が成立していない状況**に陥っています。

これこそが、今日における民主主義の危機なのです。

MUST AFFAIRS

①義務投票制のない主要国の投票率（国政選挙）

日本	56.0%　(2021年)
アメリカ	70.8%　(2020年)
イギリス	67.6%　(2019年)
ドイツ	76.6%　(2021年)
フランス	48.7%　(2017年)

②義務投票のある国の投票率

イタリア	63.8%　(2022年)	罰則なし
オーストラリア	89.7%　(2022年)	罰金
シンガポール	95.8%　(2020年)	選挙人名簿からの抹消
ベルギー	88.4%　(2019年)	罰金・選挙権制限
キプロス	65.7%　(2021年)	罰金・入獄
フィジー	68.3%　(2022年)	罰金・入獄

③義務投票制ではないが投票率が高い国

スウェーデン	84.2%　(2022年) ※
デンマーク	84.2%　(2022年)
ノルウェー	77.2%　(2021年)
フィンランド	68.7%　(2019年)

※北欧諸国が投票率が高い最大の理由は少ない人口です。スウェーデンの有権者数は770万人程度。日本の有権者数の13分の1です。1票の重みが日本の13倍あります。

出典：The International Institute for the Democracy and Electoral Assistance調査データ

Chapter 3

「民衆」と民主主義

――民衆には国家を統治する能力はない!?

ポリアーキーは
指導者をコントロール
する過程

06

「民主主義は、人民の統治ではなく、政治家の統治である。」

ヨーゼフ・シュンペーター

民衆の役割とは何か？

民衆に政治的判断はムリ

主権者たる国民が主権を行使することができるのは、選挙で投票をするときです。「国民主権」と言いつつも、政治家でない一般人が国会で発言することができるわけでもなく、政治的な決定を下したり権限を行使することもできません。国民投票や住民投票が実施されるときを除いて、政治の方向を決め、政治を動かすことができるのは政治家と官僚だけです。民主主義は「国民主権」のもと、自由や平等、政治的権利を民衆に認めているかのような錯覚を抱かせますが、それは実態と異なります。

20世紀オーストリアの経済学者シュンペーターは、民主主義において、民衆は政治決定はもちろん、**政治参加することからも排除されている**と主張します。

シュンペーターによれば、民主主義は**政治家を選挙で選ぶ制度**であり、民衆が投票するのは**政策を自分たちで決めるためではない**、とされます。シュンペーターは著書『資本主義・社会主義・民主主義』で、以下のように述べています。

Schumpeter
シュンペーター

「民主主義という言葉の意味しうるところは、わずかに人民が彼らの支配者たらんとする人を承認するか拒否するかの機会を与えられているということのみである。」

シュンペーターは、**民主主義を民衆の政治とする一般的な通念を否定**し、民主主義が民衆に政治参加の権利を認めていると捉えることは、民主主義の誇大解釈に過ぎないと指摘しています。

確かに、現在の日本のような間接民主主義において、民衆は政治家の選出を行う際にわずかに政治に関わるのみで、具体的な政治的決定権を持っているわけではありません。

シュンペーターは、民衆の政治参加は秩序維持にとって弊害となると指摘し、「政治的支配者」を選出する以外に民衆は政治に関わるべきではなく、またそうする必要もない、と説きます。シュンペーターはその理由として、民衆が政治に対し合理的な判断をすることは、**能力と能率の面から見て非現実的である**、と述べています。

Must Person
ヨーゼフ・シュンペーター

大部分の有権者にとって、政治とは、しょせん現実味のない遠い世界のことである。

オーストリア生まれの経済学者で、大蔵大臣や銀行頭取を務めました。ナチスから逃れるため、1932年、アメリカに渡り帰化、ハーバード大学教授となります。資本主義の景気循環を「技術革新論（イノベーション理論）」の観点から体系的に説明しました。1942年、『資本主義・社会主義・民主主義』を発表し、民衆の能力の限界について言及したいわゆる「エリート民主主義論」を主張しました。

民衆の役割は「能力を持つ指導者」を選ぶこと

現在の日本のような豊かな社会において、民衆は自分たちの生活の安定をある程度保障されています。敢えて「複雑怪奇」な政治に関わらなくても何の不自由もありません。政治への無関心が政治への無知となります。民衆が民衆である限り、宿命的に政治から疎外された存在であり続けるのです。

シュンペーターが言うように、政治の識見や判断力に関して、政治家や官僚などの**政治エリートと民衆との間には大きな差があります**。その差を埋めるべく、政治教育が拡充されるべきだとする考え方があります。

教育によって、民衆が政治的リテラシー（知見）を獲得し、政治的な考察力を高めることはある一定のレベルで可能なことでしょう。

しかし、いかに政治教育が拡充されたとしても、**民衆の政治能力が、全体として高度な政治判断を下すことができるほど高められることはない**でしょう。

民衆は放っておけば政治と離れていきます。民衆の生活の中に、複雑で高度な政治課題が直接入り込んでくることはほとんどありません。教育や社会活動によって、民衆を政治と関わらせることができたとしても、それは部分的なものでしかありません。

しかし、民衆の政治的リテラシー（知見）が全く役に立たないわけではありません。シュンペーターは以下のように言っています。

Schumpeter
シュンペーター

「民衆には個々の政策決定に関わる能力はないが、そのような政策決定をなす能力を持つ指導者となり得る人材を、選挙で定期的に選ぶ能力ならば、充分に備えている。」

民主主義において、民衆の役割は政治的判断を下したり、政策を立案することではなく、選挙で**「能力を持つ指導者」を選ぶこと**です。その役割を十全に果たすために、政治的リテラシー（知見）を磨くことはできます。

一方で、その役割以上の政治的リテラシー（知見）を民衆に求めることは本来の民主主義の趣旨とは違うということになります。

シュンペーターは民主主義において、民衆の果たすべき役割を過大にも過小にも評価するのではなく、実態に即した実現可能な範囲で捉えたのです。

民衆は政治家の奴隷なのか?

シュンペーターは、経済学者らしく民主政治を市場になぞらえて説明しています。政治家を企業家、民衆を消費者にたとえます。民衆は、政治家が提供する商品（サービス）を消費する存在です。消費者である民衆は、**商品（サービス）を企画し、作ることはできません**。企画、予算、生産、改良など、商品（サービス）提供に関する一切のことを決定し、関わることができるのは企業家たる政治家のみです。企業活動、生産活動に能動的に関わる政治家こそが市場の支配者です。

Schumpeter
シュンペーター

「民主主義は、人民の統治ではなく、政治家の統治である。」

しかし、一方で、シュンペーターは民衆の役割も認めています。企業家たる政治家が市場に供給した商品（サービス）の善し悪しを、消費者たる民衆が判別し、購入することも購入しないこともできます。

つまり、これが選挙という商品（サービス）購買の選定結果となります。消費者に気に入られる商品（サービス）を提供した政治家に票が入るという仕組みです。

シュンペーターは、民主政治が**市場のメカニズムの延長上**にあることを指摘しています。政治家は良い商品（サービス）を提供し、あるいは提供することを約束し、それを消費者たる民衆に選んでもらうために奔走（ほんそう）しなければなりません。

Schumpeter
シュンペーター

「政治を志す者たちは、民衆の支持を獲得するために厳しい競争にさらされる。民主主義とは、権力獲得の過程に、競争という原理を導入する一つの方法と見るべきである。」

市場原理的な「競争」という努力へと**政治家を駆り立てるのが民衆の役割**であり、その切磋琢磨（せっさたくま）の中で、民主主義が前進していくことをシュンペーターは指摘しています。その意味において、選ぶ側の民衆が民主主義に対し果たす役割は小さくはありません。

18世紀のフランスの思想家ルソーは当時、他国に先駆けて進展していたイギリスの議会制民主主義を批判して次のように言っています。

Rousseau
ルソー

「イギリスの人民は自由だと思っているが、それは大間違いだ。彼らが自由なのは、議員を選挙する間だけのことで、議員が選ばれるやいなや、イギリス人民は奴隷となり、無に帰してしまう。」

ルソーの考え方は、選挙に基づく議会制民主主義を曲解した極論に過ぎません。議員が選ばれた後にこそ、**民主主義という「市場」がはじまる**のであり、消費者たる民衆の判断で、議員はその後の選挙で淘汰（とうた）されていきます。民衆には民衆の役割があります。選挙が終われば、民衆は「奴隷」となるわけでは決してありません。

民衆をバカ呼ばわりしたニーチェとオルテガ

シュンペーターの主張のような、民主主義における民衆の役割を限定的に捉える考え方を、**「エリート民主主義」**と呼びます。民衆の能力には限界があり、彼らに政治のコントロールを任せてはいけない、とする考え方です。

エリート民主主義論の中には、シュンペーターのように民衆の役割を合理的に位置付けた論者もいますが、民衆を激しく罵倒し、こき下ろした論者もいます。

その代表がニーチェとオルテガです。

19世紀ドイツの哲学者ニーチェは民衆を「畜群（畜生の群れという意味）」と呼び、侮蔑（ぶべつ）しました。ニーチェは「畜群」を、平等という言葉を弄（もてあそ）び、デモクラシーを趣味とし、卑屈な同情によって繋がれた者たちと定義しています。

Must Person
フリードリヒ・ニーチェ

民主主義の運命は単に政治的機構の一つの頽廃(たいはい)形式、すなわち、人間の矮小化(わいしょうか)の形式と見られ、人間の凡庸化と価値低落と見なされる。

ドイツの哲学者。「神は死んだ」という言葉で知られるように、ニーチェはキリスト教倫理を奴隷根性と批判しました。著書『善悪の彼岸』(1886年)で、民主主義に対しても容赦ない批判を浴びせました。

ニーチェが「蓄群」と呼んだ民衆は、20世紀にかけて、民主主義の進展とともに主権を獲得し、社会を牽引していきます。

こうした民衆勢力の拡大を否定的に捉えたのが、20世紀スペインの思想家オルテガでした。オルテガは著書『大衆の反逆』で、無知な大衆がその無責任な衆愚的感情によって**政治や社会を頽廃させていく**と述べました。

オルテガは、民衆について以下のように定義しています。

「自分が他人と同じと感ずることに、苦痛を覚えず、他人と自分が同一であることでかえって、満足する人間。」

オルテガによると、社会には、少数者と大衆という2つの集合体があり、少数者は有能な者の集合であり、大衆とは資質に恵まれない人々の集合とされます。

ただし、この区分は社会階級の区分ではなく、人間性や精神性の区分であって、上層、下層の階層ではない、とオルテガは説明しています。

ニーチェが「畜群」と呼んだ民衆は、20世紀に入り自己の権利を主張し、政治にも参画するようになります。

オルテガは、民衆が自己の凡庸さを承知の上で、大胆にも凡庸なるものの権利を確認し、押し付けるようになった、と述べています。そして、オルテガは大衆が政治的な指導者となれば、**政治に重大な欠陥が生ずる**と結論付けています。

Must Person

ホセ・オルテガ・イ・ガセット

大衆は、大衆でない者との共存を望まない。大衆でない全ての者を死ぬほど、嫌っている。

スペインの哲学者、マドリード大学教授。1931年、スペイン第二共和政で、議員となります。1929年、『大衆の反逆』が刊行されたとき、大衆の精神構造を鮮やかに論評する切り口が話題を呼んだ一方で、時代遅れの貴族主義として批判されました。

07 「ポリアーキーは非指導者が指導者をコントロールする過程である。」

ロバート・A・ダール

民衆が政治に関わる方法はあるのか？

議論しなければ無知のまま

シュンペーターは民主政治において、民衆の役割は政治家を選挙で選ぶことだと主張しました。民衆が政策立案や政策決定に携わることはありません。

これに対し、民衆は政策立案やその決定に関わることができると捉えるのが、**「参加民主主義」**と呼ばれる考え方です。

「参加民主主義」は、政策決定に関し国民投票を頻繁に行い、市民を予算編成の策定に関わらせるなど、民衆の意思を直接政治に反映させようとします。市民の活発な議論参加を促して、政治的な合意を形成することを目指します。

市民の政治議論の参加を重要視する「参加民主主義」は、必ずしも代議制民主主義を否定するものではなく、民衆のコミュニケーションの中から生まれた民衆の代表者という視点において、代議士（政治家）の存在を認めます。「参加民主主義」は、シュンペーターの唱えた「エリート民主主義（寡頭民主主義）」のように政治家を民衆と背反的に区別せず、政治家を民衆の延長線上にあるものと捉えます。

このような**民衆のコミュニケーションを主体とする政治運営の形態**は、現代ドイツの社会哲学者ユルゲン・ハーバマスらによって提唱され、「コミュニケーション的行為」と呼ばれるようになります。

「参加民主主義」は、「エリート民主主義」を批判して次のように警告しています。「政治家は民衆の判断を助けるような明確な情報、選択肢を用意しない傾向にあり、そのため、民衆が政治議論の参加を積極的に行わなければ、民衆は永久に政治的な無知の状態に閉じ込められてしまう。」

ドイツ出身ユダヤ系アメリカ人の思想家ハンナ・アーレントは、ナチスのようなファシズム政治が議論を拒絶し、民衆を無知の状態に追いやり、彼らを隷属させたことを指摘しています。アーレントは「言語」、つまり議論による政治参加を、**個人が隷属から解放されて自立をしていく手段**である、と主張しています。

MUST WORD

コミュニケーション的行為

ハーバマスが用いた概念で、権力や支配によって相手の意思決定に影響を及ぼそうとするのではなく、自分が表明する考えや意思の内容自体に対して、相手の納得と承認を求める行為を指します。

エリートに頼るしかないという現実

しかし、「参加民主主義」は、「エリート民主主義」を批判することはできましたが、民衆の政治議論の参加を具体的にどのように実現するかということについては、有効な方法を示すことができていません。

民衆は、誰の招集によって政治的な議論に参加するのか。一定の資格が設けられるのか。仮に参加したとして、どのレベルまで、議論を人々と共有できるのか。議論はどのように政治決定に反映されるのか。誰がまとめ役になるのか、など具体的なプロセスが示されません。

「参加民主主義」は理想や理念を語りましたが、その実現可能性において大きな疑問があります。

アメリカでは、2009年以降、地方自治体のレベルで予算編成の策定などに市民を参加させる、「参加民主主義」の取り組みが行われています。

たとえばニューヨーク市では、選挙区ごとに割り振られた100万ドル（約1億円）程度の設備投資予算を選挙区の住民が議論をし、予算配分を決めることができるようになりました。

しかし、これがいわゆる「参加民主主義」かと問われれば、そうとは言えません。なぜならば、割り振られた予算はあらかじめ設備投資予算と役所が決めており、また、議論に関わる人も一部です。議論が対立し、割れた場合に、最終的に裁定するのはニューヨーク市議会議員になっています。

設備投資予算、つまり、どこに学校を作るか、集会所を作るか、どのように公園を整備するかなど、こうした単純な予算関連の議論をすることは一般市民でも可能です。

では、以下のような予算関連審議ならばどうでしょうか。

「共同発行公募地方債における連帯債務方式についての基準選考について」
「借入金規定や剰余金の繰越規定等の整理、統合に関する附則条項について」

このような議題を、一般市民が議論することは難しいかもしれません。

これは極端な例ですが、政治一般に関する事柄の多くを、一般市民が勉学することにより、ある一定のレベルで理解することは不可能ではありません。

そもそも、政治家が一般市民と比べ、理解力に長けているわけではなく、政治家に理解できることは一般市民にも理解できます。特に、今日のようにあらゆる情報が公開されている中で、政治家と一般市民との間に、情報格差はほとんどなく、一般市民を政治経験がないからといって、政治決定のプロセスに関わらせないことの方が社会全体の損失になるとも言えます。「参加民主主義」は、一般市民が政治への真摯な関心を持つことにより、実現可能なものになっているのではないでしょうか。

２０２２年の夏、参政党が国政政党となりました。参政党は「参加民主主義」を掲げ、党員たちに、政策決定に関わらせ、議論を重ね、党全体の政策を最終決定します。議論に参画するのは一般市民ではなく、党員という限定的要素があるものの、誰でも党員になることは可能であり、幅広く、政策決定のプロセスに有権者を関わらせようとしています。

参政党の掲げる「参加民主主義」は未だ試行錯誤の段階ではあるものの、日本の民主主義に新風を吹かせる新しい試みとなっています。

民主政治の主役となる「ポリアーキー」とは何か?

「参加民主主義」は、「エリート民主主義」が民衆を政治的な無知の状態に閉ざ

MUST AFFAIRS

民主主義の形態

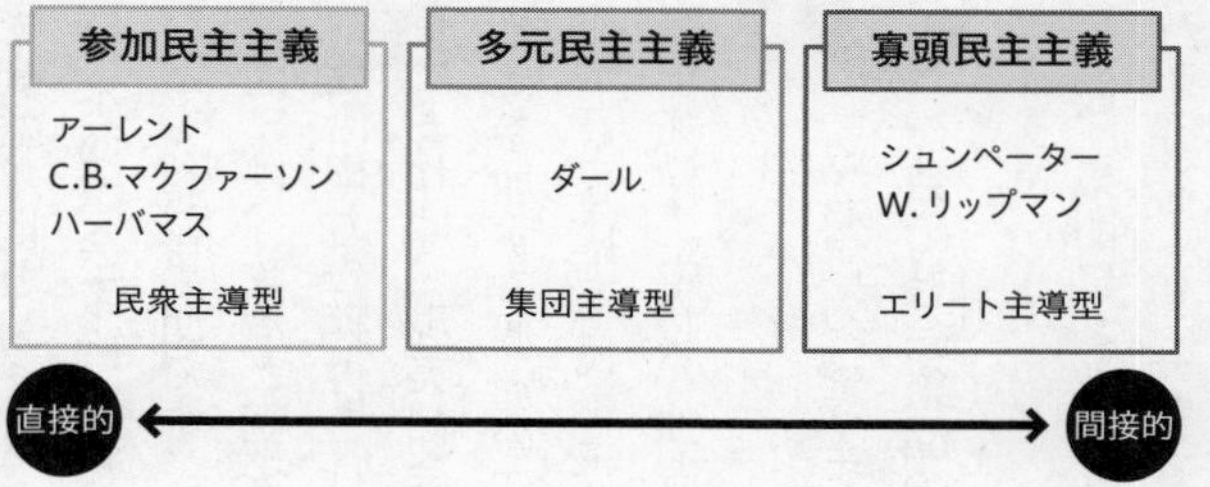

す傾向があることを批判しました。

「参加民主主義」でもなく、「エリート民主主義」でもない第三の中間形態として、**「多元民主主義」**というものがあります。

第二次大戦後に活躍したアメリカの政治学者ロバート・ダールは、政治指導者と民衆の間を繋ぐ**「集団」の存在**に注目し、「多元民主主義」について説明しました。

民主主義社会には、共通の利益を目指す者の間で組織された複数の利益集団があります。集団は個人よりも影響力が大きいため、政治家も集団を無視するわけにはいきません。利益集団は、選挙において議員を支持することを約束する代わりに、政策立案から決定に至るまでの様々な過程に影響力を行使することができます。

日本で利益集団と言えば、「経済三団体」と呼ばれる日本経済団体連合会（経団連）、日本商工会議所、経済同友会などが代表です。労働組合・宗教団体・女性団体なども利益集団です。

利益集団には、政治と直接関わる政党も含まれます。政党は政策を実現させるために、政治権力の獲得を目指した人々が結集した集団です。

ダールによれば、現実社会の民主主義においては、「参加民主主義」のように、政治議論に参加する個別の個人の存在が大きな役割を果たすわけではありません。また、「エリート民主主義」のように、エリート政治家が何物にも影響されず、政策を純粋決定し、独占的に権力を行使しているわけでもありません。

Dahl
ダール

「政治権力はさまざまな利益を代表する
複数の社会集団の間によって、影響され、共有されている。」

ダールは、集団によって媒介される現実の民主政治を「**ポリアーキー**」と名付けました。「ポリアーキー」は、「モナーキー（単独による支配）」、また「オリガーキー（少数による支配）」に対して、「多数による支配、多元民主主義」を意味します。ダールは「ポリアーキー」について、以下のように述べています。

Dahl
ダール

「中間的な構造なしには、多元性を確保できない。」

ダールによれば、代議制民主主義において、**利益集団や政党（中間的な存在）が自由に活動できる制度が保障されていることが必要**で、このような制度がなければ民衆は政治に参加することができません。

そして、民衆は「中間的な存在」をテコに政治家をコントロールすることができます。

Dahl
ダール

「ポリアーキーは非指導者が指導者をコントロールする過程である。」

個人の意思を、集団の媒介によって実際の政治に反映させようとする政治活動こそが、現代の欧米や日本のような代議制民主主義の基本的な特徴の一つと言えます。そして、「ポリアーキー」は、**現代の先進国の民主主義の実態に最も近い姿**と言うことができます。

Must Person
ロバート・A・ダール

民主主義における集団の役割を積極的に評価すべきだ。

アメリカの政治学者。イェール大学の政治学教授。2014年死去。ダールは1961年、著書『統治するのはだれか』において、1950年代のアメリカ社会を分析し、「エリート民主主義」論者のライト・ミルズが主張するような政治権力の寡頭独占は、実態として生じていないと主張して論争し、名を馳せます。『ポリアーキー』(1971年)、『民主主義とその批判』(1989年)などの主著も有名です。

「ポリアーキー」の欠陥

利益集団や政党が政治に大きな影響力を持つことは、一般的に圧力行為と捉えることができ、否定的なイメージが先行します。「癒着政治」、「談合政治」という言葉に代表されるようなイメージです。

実際に、かつてダールに師事した政治学者セオドア・ローウィは、師の「ポリアーキー」論を批判しています。利益集団の介在による政治は密室の談合を生み、**民主的な意思決定とはならない**、とローウィは指摘しています。

ローウィは、「ポリアーキー」が一般的な原則や法的な規範原理を欠いているため、民主主義を堕落させると主張します。

歴史的にも、「ポリアーキー」は否定的に考えられていました。

18世紀末、アメリカでは独立革命を経て、合衆国憲法が起草されます。ジェームズ・マディソン（後の第4代大統領）をはじめとする憲法起草者にとって、利益集団や政党の存在は**公共的利益と矛盾**するものでした。

マディソンは、利益集団による党派政治が拡大することを警戒し、合衆国憲法に、議会権限の制限、大統領の拒否権、選挙権の制限などを盛り込み、全体の利益に反する党派政治への法的な制限を設けました。

ダールは、マディソンが規定した法的な制限は欠陥であり、民主主義の実践性を損なうものである、と批判しています。

ダールはマディソンについて、以下のように言っています。

Dahl
ダール

「マディソン主義は民主主義理論として、不十分なものである。一般市民が指導者に対して、高度なコントロールを発揮する過程をマディソン主義に、見出すことができないからである。」

ダールは民主主義において、むしろ複数の党派が競い合うことによって、**政治の独占が打ち破られることが必要**であると述べます。

議会政治の確立とともに、複数の利益集団や政党が政策の実現を巡って多元的に存在し、自由で平等な不断の競争をすることによって、全体として**公共の利益に近い政治が実現**する、とダールは主張します。

ローウィが批判するように、「ポリアーキー」は一般的な原則や法的な規範原理を欠いているかも知れませんが、民衆が政治に関わる媒介ツールを供給する役割を現実に果たしている限り、また、それに代わる別の機能が生み出されない限り、「ポリアーキー」は有効な政治形態であり続けるのです。

Must Person
ジェームズ・マディソン

集団が政治をコントロールするなどあってはならないことだ。

アメリカの政治家。憲法の制定を推進し、草案作成の中心メンバーとなり、そのため、「アメリカ合衆国憲法の父」と呼ばれます。1801年、ジェファソン政権の国務長官となり、1809年に第4代大統領となります。大統領在任時に、通商の自由を求め、イギリスに宣戦布告し、米英戦争に踏み切りました。

マディソンの呪縛

しかし、今日、日本やアメリカの民主政治の問題点は、一部の利益集団に偏った利益誘導がなされ、必ずしも**全体の利益が維持されていない**ことです。一部の利益集団が暗躍し、自由で平等な競争を阻害し、多元的な集団の間で本来行われるはずの権力の頻繁な交替が起こっていません。このような状態の中で、健全な自由競争力があるはずの「ポリアーキー」は歪められていきます。

アメリカにおいて、昨今、「ポリアーキー」の**競争バランスが崩れてきている**ことが頻繁に指摘されています。

政治学者のフランシス・フクヤマは、現在のアメリカ政治が巨大な資金力を持ち、よく組織された利益集団によって不当に牛耳られていることを批判しています。特に、２００８年のリーマン・ショック以降、そうした傾向が顕著に現れている、と述べています。

Fukuyama
フクヤマ

「金融規制改革法や医療保険制度改革法（オバマ・ケア）のような大改革を実行しようとしても、利益団体の邪魔が入り、ひどい法律ができる。民主主義の失敗と言えよう。」

リーマン・ショック後、金融危機の再発を防止するために、投機的な資金を法的に規制する必要が生じました。

しかし、資金力にモノを言わせ、政治的な圧力を掛けてくる金融ロビー、銀行界によって、規制が阻まれ、抜本的な制度の見直しができません。

Fukuyama
フクヤマ

「金融だけでなく石油、農業など幅広い分野で、特定の利益団体が自らに都合よく政治を利用している。」

今日のアメリカ政治は、マディソンが警戒したような利益集団や政党が過大な影響力を持つ「党派政治」に陥っています。

ダールが提起した多元的な利益集団が政策を巡って、自由に競争する姿はなく、資金力を背景に、私的な利益を追求する企業利益集団が政党や政治を一方的に包囲し、利益誘導を行っています。

マディソンは、200年以上前のアメリカの建国当初に、民主主義がこのような**「党派政治」に陥る危険性を常に孕んでいる**ことを指摘していました。

マディソンは『ザ・フェデラリスト』の第10篇で、以下のように言っています。

「党派間の争いの中で公共の利益が無視される。正義の原則や少数派の権利に沿ってではなく、利害を持つ圧倒的多数の優越的な力によって、余りにも頻繁に政策が決定される。」

マディソンは民主主義を守るために、党派政治を抑制するための法的な制度設計がなされる必要があることを強調しています。

「党派の危険性に対抗して公共の利益と個人の権利を守りながら、大衆政府の精神と形態を保持することは、我々の探求が志向すべき大きな目標である。」

MUST WORD

『ザ・フェデラリスト』

１７８８年に刊行された、アメリカ合衆国憲法の批准を推進するために書かれた85篇の連作論文。合衆国憲法の精神や目指すべき方向性について、詳述され、アメリカでは最高の政治学の古典とされます。マディソンをはじめ、アレクサンダー・ハミルトン（初代財務長官）、ジョン・ジェイ（初代連邦最高裁判所長官）の３人が執筆しました。そのうち、「党派政治」の危険性を論じた第10篇を含む計29篇がマディソンの作、計51篇がハミルトンの作、計5篇がジェイの作とされています。

Chapter 4

「戦争」と民主主義
——リンカーンとビスマルク

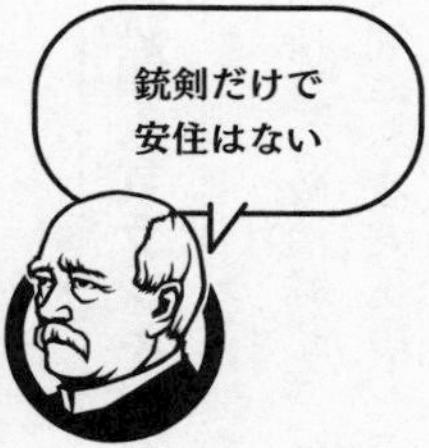
銃剣だけで
安住はない

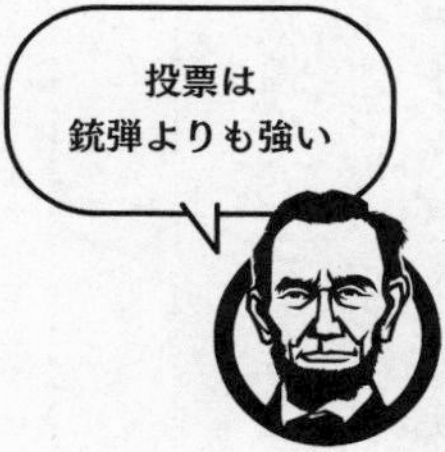
投票は
銃弾よりも強い

08

「銃剣で全てを獲得したとしても、そこには安住はない。」

民主主義は平和を守ることができるのか？

オットー・フォン・ビスマルク

アメリカ大統領人気ランキング

アメリカの週刊誌や政治雑誌では、歴代大統領の人気投票ランキングがよく掲載されます。人気のある大統領の三傑(さんけつ)がリンカーン、フランクリン・ルーズヴェルト、ワシントンです。大衆紙になるとケネディなどが入ったりします。リンカーンは南北戦争、ルーズヴェルトは第二次世界大戦、ワシントンはアメリカ独立戦争というように、それぞれ世紀の大戦争を勝利に導いた大統領です。

一方、人気のない大統領のトップ２人がハーディングとニクソンです。この二人は陰湿な謀略家というイメージが強く、汚職の疑惑が絶えません。

しかし、彼らが成し遂げた政策は重要です。

ハーディングは第一次世界大戦後、ワシントン会議（１９２１～22年）を開き、アメリカがアジア太平洋地域の外交的主導権を握ることに貢献しました。

ニクソンは、１９７３年のパリ協定を経て、ベトナムに派遣したアメリカ軍を撤退させ、ベトナム戦争を終わらせることに貢献しました。戦争ははじめるよりも終わらせる方が難しいのです。

ハーディングもニクソンも歴史的に重要な功績を残しましたが、たいしたことは何もしなかったケネディなどと比べて、性格が陰湿というだけで人気がありません。民意や一般の評価というのはそういうものです。

リンカーンは、ほとんどの人気投票でナンバーワンです。

「人民の人民による人民のための政治」

という演説で有名なリンカーンは、民主主義国家アメリカのシンボル的存在です。

内戦を回避できなかったリンカーン

1860年代、アメリカとドイツで、それぞれ、リンカーンとビスマルクが登場します。リンカーンは民主主義国家の代表者で、ビスマルクはプロイセン王国（ドイツの前身）の宰相、つまり、王政・貴族政の代表者です。

アメリカとドイツでは、1860年代、イギリスやフランスで本格化していた産業革命が波及し、工業化が急速に進みました。近代工業化の中で、ブルジョワと呼ばれる商工業者が台頭し、**前時代の守旧勢力と社会的な対立**が大きくなります。

この対立の対処の方法が、リンカーンとビスマルクで異なりました。

大規模な内戦となり、50万人ともいわれる犠牲者を出すことになったのがリンカーン。内戦を巧(たく)みに回避したのがビスマルクです。

なぜ、このような違いが生じたのでしょうか。

アメリカでは、北部で商工業者（ブルジョワ）が共和党を組織し、南部の農業者（民主党勢力）に対抗しました。両者は、貿易政策をはじめとする経済政策で激しく対立していました。

また、北部は連邦政府による国家主導型の中央集権、近代工業化を主張するのに対し、南部は連邦政府が地方に介入することを望まず、地主による地方分権、封建的な保守政治を主張していました。

北部と南部の対立は奴隷制を巡って感情的な対立となり、もはや収拾がつかなくなっていました。

南部にとって**広大な農地を耕す労働力である奴隷は必要不可欠**ですが、北部は南部の奴隷制を憎悪を込めて批判しはじめていました。

リンカーンは大統領選に出馬する以前の１８５８年、『聖書』の「マルコ伝」の一節「分かれたる家は立つこと能（あた）わず。」を引いて、以下のように演説を行っています。

Lincoln
リンカーン

「分かれたる家は立つこと能わず。半ば奴隷、半ば自由の状態で
この国家が永く続くことはできない。
私は連邦という家が倒れることを望まない。
私はこの連邦が分かれ争うのをやめることを望む。
それは全体として、どちらか一方のいずれかになるであろう。」

リンカーンは、アメリカが自由国家となるか、奴隷国家となるか、どちらか**二つに一つであることを主張**し、もはや、妥協は許されないと結論付けています。

これはリンカーンの有名な演説ですが、奴隷州である南部に対する北部の宣戦布告として捉えられました。

北部のブルジョワ商工業者の台頭とともに、１８６０年、北部代表のリンカーン（共和党）が大統領に当選しました。リンカーンは、北部人の感情的対立に便乗する形で奴隷制反対を掲げ、**人々の支持を獲得し大統領になりました。**

南部諸州はリンカーンの大統領就任に反発し、連邦を離脱、武力衝突が生じ、

MUST AFFAIRS

奴隷制を巡る対立――南北戦争時の勢力分布(1861年)

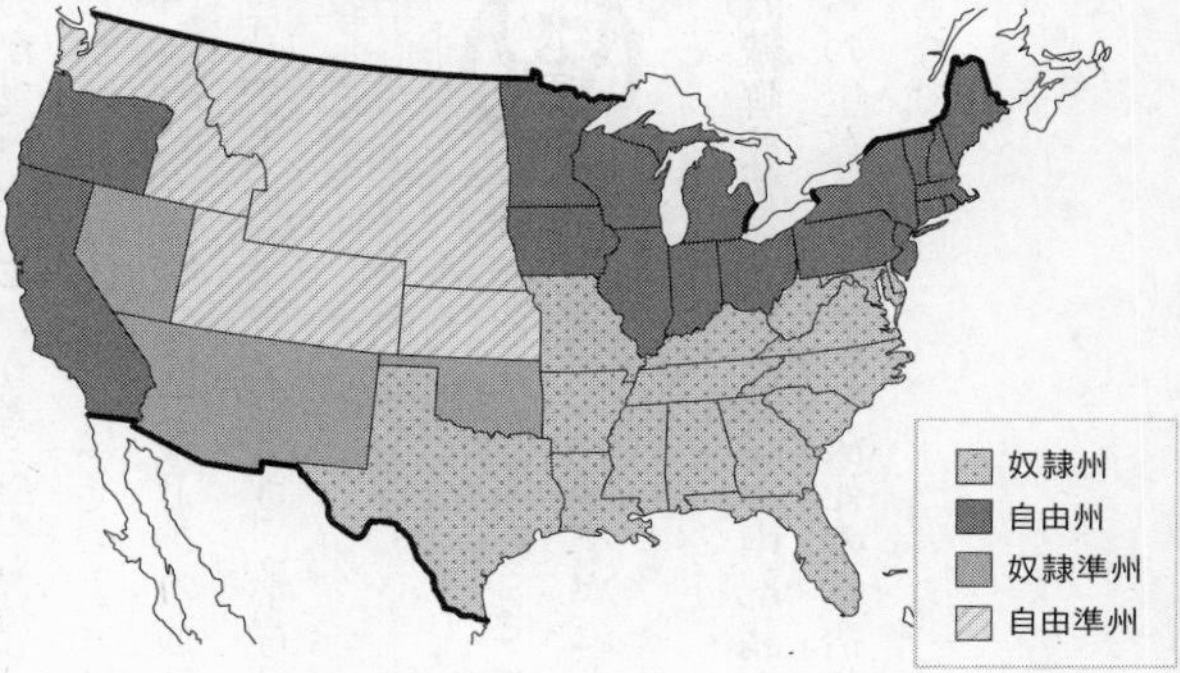

南北戦争(1861〜65年)が起こります。

リンカーンが大統領に就任した直後、実は戦争を回避するための動きがありました。

北部を代表する共和党と、南部を代表する民主党との間で、奴隷制度や貿易制度を調整する妥協案が出されて、互いの譲歩が引き出されていました。決着が付かない点などは議論を重ねることが妥協案に盛り込まれました。

しかし、妥協案を認めず、**強硬な態度で臨んだ**のが他ならぬリンカーンだったのです。

南部が連邦から脱退したときも、北部の議員たちは、「南部はまたすぐに、連邦に戻ってくるだろうから、あまり、刺激しない方が良い」、という考え方も持っていました。

しかし、リンカーンはそのようには考えませんでした。

南部の人々は、リンカーンの強硬な態度にもはや我慢の限界に達し、怒りを爆発させ武力衝突となります。戦争中の１８６３年、リンカーンが奴隷解放宣言を発表します。

Lincoln
リンカーン

「奴隷とされているすべての者は、同日をもって、永遠に、自由の身となる。」

奴隷解放宣言に反発した南部諸州は不利な戦況であったにもかかわらず、自分たちの生存を賭けて、決死の覚悟で北部への戦いに挑み、血で血を洗う陰惨な内戦となります。

Must Person
エイブラハム・リンカーン

奴隷問題、もはや振り上げた拳は下ろせぬ。

アメリカ合衆国第16代大統領。開拓農民の子として生まれ、様々な職を転々としたのち、イリノイ州地方議員に選出されます。その後弁護士となりました。奴隷制に反対し、1858年の中間選挙で共和党から上院議員に立候補するも敗北。1860年の大統領選で勝利。

自国民を守ることに腐心したビスマルク

同じ頃、ドイツでも近代工業化とともに、ブルジョワ商工業者などの革新派と守旧勢力（保守派）が対立していました。

当時のドイツは分裂状態で、諸邦が工業化を積極的に推進するプロイセンに付くか付かないかで**真っ二つに割れて**いました。同時期のアメリカと同じ、社会対立がドイツでも南北間で起こっていたのです。

工業化の進んでいたドイツ北部の諸邦はプロイセンを支持し、保守貴族の勢力が強かったドイツ南部のバイエルンなどの諸邦はプロイセンに対抗するため、オ

MUST AFFAIRS

統一前のドイツ

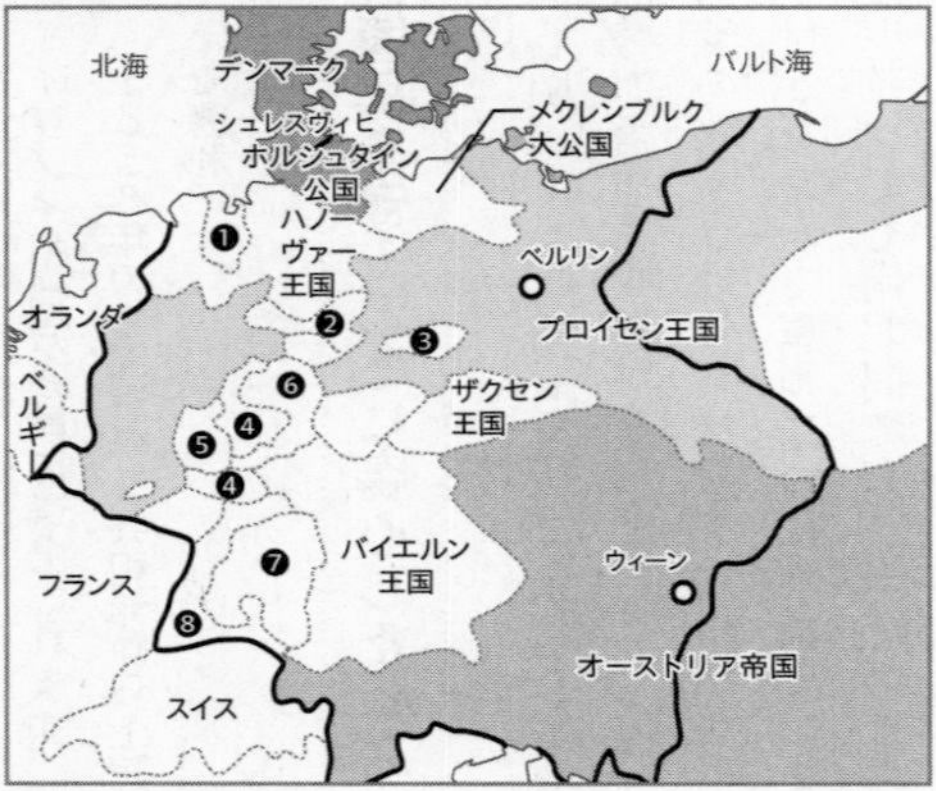

1815～66年ドイツ連邦境界
❶オルデンブルク大公国　❷ブラウンシュヴァイク公国
❸アンハルト公国　❹ヘッセン・ダルムシュタット大公国
❺ナッサウ公国　❻ヘッセン・カッセル選帝侯国
❼ヴュルテンベルク王国　❽バーデン大公国

ーストリアやフランスと協調していました。

革新派のプロイセンがドイツを統一し、近代国家を築くためには南部の守旧勢力を排除しなければなりません。

プロイセン宰相ビスマルクは、保守勢力を直接武力で粉砕することもできたのですが、ビスマルクはそのようにはしませんでした。彼らの背後にいる**外国勢力のオーストリアやフランスを叩き、**

MUST AFFAIRS

ビスマルクの戦略

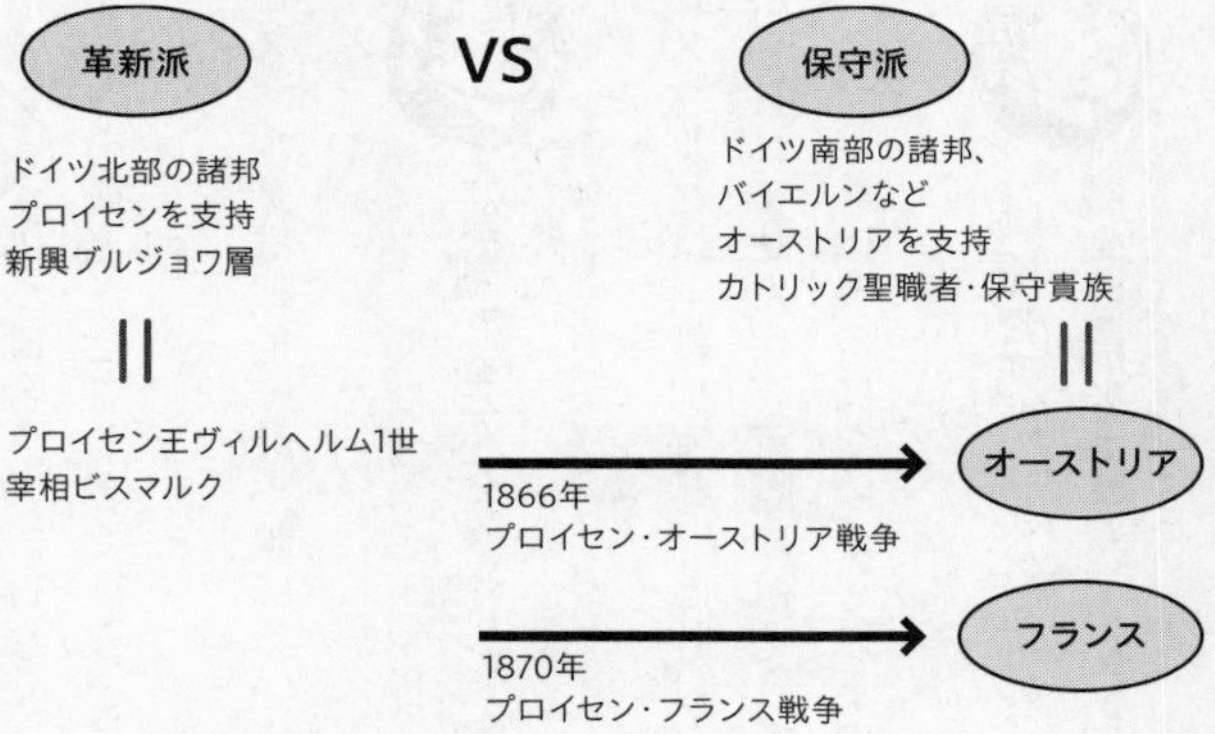

ドイツの保守勢力を従わせました。

ビスマルクは、１８６６年、プロイセン・オーストリア戦争で、ドイツ内部の諸侯・貴族ら保守勢力と結託をしていたオーストリアを破りました。

その後、１８７０年、プロイセン・フランス戦争でフランスのナポレオン３世と戦い、フランスの影響力を排除し、バイエルンなどの南ドイツを傘下に加えます。

そして、１８７１年、ドイツ帝国を成立させました。

ビスマルクは、同じドイツ人同士が戦うと遺恨が残り、陰惨な内戦に発展しかねない、と考えました。

ドイツ人が傷つけ合うのではなく、その周りの外国勢力を叩き、ドイツ内部の保守勢力を孤立させることで彼らを従わせ、**最終的にドイツ統一**を達成したのです。

ビスマルクは戦争を最小限にくい止めることに成功したと言えます。

Bismarck
ビスマルク

「鉄剣で全てを獲得したとしても、そこに安住はない。」

ビスマルクは「鉄血宰相」と呼ばれるように、荒々しい好戦的なイメージがあるかもしれませんが、実際にはそうではありません。

ビスマルクは戦争について、以下のように発言しています。

Bismarck
ビスマルク

「戦場で死にゆく兵士のその虚（うつ）ろな目を見れば、戦争を開始することに否定的になるだろう。」

09

「投票は銃弾よりも強い。」

政治の暴走はどのように発生するのか？

エイブラハム・リンカーン

民主主義の欠陥から生じた南北戦争

リンカーンもビスマルクも、国家の近代化を阻む保守勢力と戦い、これらを抑え込むことに成功し、近代化の基礎を形成したことで共通しています。

しかし、決定的に違うのはその手段です。リンカーンは革新勢力と保守勢力を正面衝突させることにより、南北戦争という内戦に発展し、**50万人ともいわれる自国民を死なせました。**

ビスマルクは、対外戦争によって**内戦を巧みに回避**したため、ドイツ人同士の骨肉の争いは起こりませんでした。

ビスマルクは戦争について、以下のように言っています。

Bismarck
ビスマルク

「勝利に終わる戦争と雖（いえど）も、常に一つの悪であり、政治は民衆をそれから守る努力をしなければならぬ。」

為政者として、50万人ともいわれる自国民を死なせるというのは、どのような理由があったとしても大罪と言わざるを得ません。アメリカ人の多くがそのような大罪を犯した為政者を、「最も偉大な大統領」と評価していることに驚きます。

ただ、南北戦争の悲劇はリンカーン個人が引き起こしたものではなく、民主主義が孕んでいる構造的な欠陥から生じたものであることを指摘せねばなりません。

民主主義は多数決で**白黒をハッキリさせるシステム**で、妥協というものがありません。このことは、大統領を国民の直接公選で選ぶアメリカのような国でとりわけ顕著です。

国民一般を巻き込んで**政治闘争を公的に展開**するため、その規模が大きくなり、両者が一歩も退かず、水面下での調整が困難になります。

１８５０年代のアメリカは、北部人と南部人との対立が頂点に達し、その対立は奴隷問題のような道徳感情に訴えるヒステリックなものになっていました。

当然、大統領選挙は南北の激しい感情対立の吐露（とろ）の場となり、食うか食われるかの戦いになりました。

特に、リンカーンは奴隷解放の考え方を従来から主張していたため、北部人の感情的共感を呼んでいました。

リンカーンが大統領選挙を制すると、南部人は黙って引き下がることはできず、全面戦争しか選択肢は残っていませんでした。リンカーンも北部人の信任を背負っているため、妥協することはできませんでした。

Lincoln
リンカーン

「奴隷問題は、もはや軍事力によって解決をせねばならないところにまで来ている。」

止められなかった民衆の暴走

民主主義において、国論を二分するような状態で２つの勢力が激しく対立をするとき、一方から選ばれた代表者は、もう一方の勢力に対して妥協することはできません。それは有権者への裏切りとなるからです。

リンカーンは以下のように言っています。

Lincoln
リンカーン

「投票は銃弾よりも強い。
(The ballot is stronger than the bullet.)」

感情的になった民衆は自分たちの都合の良い**正義・大義を捏造**(ねつぞう)し、敵対勢力に対する断固とした処断を求めます。集団ヒステリーが冷静な調整や妥協を遠ざけるのです。

南北戦争の最中の１８６３年にリンカーンが奴隷解放宣言を行うと、北部と南部の経済抗争は奴隷解放という正義・大義にすり替えられて、敵対勢力への容赦ない殲滅（せんめつ）へと人々を駆り立てました。リンカーンは火に油を注ぐような宣言を出し、戦禍を拡大してしまうことになったのです。

リンカーンら北軍は南軍に勝ったものの、義憤に駆られた民衆は殺人鬼の如く同国民を殺しました。

民主主義によって民衆が暴走し、**自ら破壊へと突き進む**ことの愚かさを南北戦争は証明しています。

一方、ドイツのビスマルクは、民衆から選挙で選ばれたリーダーではありません。

ビスマルクは、もともとプロイセンの国会議員で、持ち前の交渉力や調整能力を議会や軍部、国王から高く評価されていました。

信任を得たビスマルクは宰相となり、唯一、国王にのみ責任を持つという立場、また、議会や国民からも独立した立場で政治を行いました。

そのため、革新勢力と守旧勢力の感情的確執から超越して、彼らの支持・不支持に関係なく、ビスマルクは合理的な政策決定を下すことができたのです。ここが、国民に選挙で選ばれたリンカーンとの**決定的な違い**です。

Must Person
オットー・フォン・ビスマルク

知略をもってすれば、無用な戦いを避けることができよう。

ベルリン大学で法律を学び、プロイセンの官僚を経て、議員となり、1862年、プロイセン首相就任。1871年、ドイツを統一。同盟外交を展開し、ヨーロッパの勢力均衡を図り、内政では労働者を弾圧する一方、社会保険制度を採り入れ、「飴と鞭の政策」を遂行しました。

ビスマルクの巧みな世論操作

ビスマルクは、必要な場面で民衆の感情を巧みに利用しました。

ビスマルクが、ドイツ南部の保守勢力を背後から支援しているフランスとの戦いを準備していた頃、スペイン王位継承問題が発生します。王位継承者にプロイセン国王の親族レオポルトが候補に挙がり、フランスはこれに強く反発しました。結局、レオポルトは王位を辞退します。

フランスは、将来もプロイセン王家の人間がスペインの王位継承者にならないよう念押しをするため、大使を派遣しました。

フランス大使は、温泉地のエムスで静養中のプロイセン国王ヴィルヘルム1世を訪ねましたが、交渉は決裂します。国王はその経緯をベルリンのビスマルクに打電しました。

ビスマルクはこの電報を、非礼なフランス大使が国王を脅迫したように改竄（かいざん）して、新聞に公表しました。ドイツ人はフランス人から屈辱を受けたと感じ、フランスへの敵対感情が高まります。

ビスマルクは世論を戦争へと傾かせることに成功し、フランスとの戦いに踏み切ります。1870年、プロイセン・フランス戦争が始まると、ドイツの諸邦はプロイセン側に立って参戦しました。そのため、プロイセンが勝利しました。

ビスマルクは民意を巧みに誘導し、**戦争を有利に展開**しました。素早い機動力で、短期にフランス軍を追い詰め、ナポレオン3世を捕らえ戦争を終結させました。

Must Person
ナポレオン3世

国民に迫られて仕方なく開戦したが、思い止まるべきだった。

フランスのブルジョワ資本家はナポレオンの甥ルイ・ナポレオンを大統領に担ぎ上げ、ナポレオン時代の栄光をフランス国民の感情に訴え、政権をまとめ上げていきます。1852年に、ルイ・ナポレオンは皇帝ナポレオン3世として即位、第二帝政を成立させました。

歴史が証明する民主主義の限界

民衆の感情とともに暴走したリンカーンは、泥沼の戦争に嵌まり、50万人ともいわれる犠牲者を出しました。

一方、ビスマルクは民衆の感情を巧妙にコントロールし、優れた戦略で戦争を短期終結させました。

南北戦争時代のアメリカのように、民衆が正義とか自由という言葉を持ち出して義憤的な感情で政治に関わるとき、**哀れな結末**を招きます。

民主主義国家において、ひとたび、民衆の感情に火が付くと、**民衆を抑制しようとするリーダーは排除**されます。その代わり、民衆を扇動するリーダーが前面に立たされ、**政治はコントロール不能に陥ります**。

そもそも、民主主義には民衆を制御するメカニズムがありません。ビスマルクは、このような民主主義を常に危険視し、エリート寡頭政治を理想としました。そして、政治エリートの高度な専門性によって、合理的な計算と戦略に基づいた政治を展開しました。

また、当時のドイツ議会も、ビスマルクを中心とする内閣の決定に、大きな異議を唱えることをせず、概ね、内閣の方針を追認しました。

当時のドイツを巡る状況は流動的で困難なものであり、政治の意思決定が大衆化されることは国益とならないということを議員たちもよく自覚していました。ビスマルクの内閣組織と議会は、冷静で合理的な協力関係を構築し、ドイツは他のヨーロッパ諸国に見られない高度な意思決定システムを持ち、一躍、強国の地位を確立していくことに成功します。

民主主義は、多数決や投票など、頭の数を揃えることで正当性が生ずる制度です。頭の中身は問題にはなりません。政治決定に**叡智**（えいち）**や熟慮が働いているかどうかは置き去り**にされてしまいます。正しい政策が常に民衆に支持されるとは限りません。民衆は政治的な判断能力を持たないからです。

しかし、正しい政策に対し、最大多数の積極的共感の支持を取り付ける努力こそが**民主主義の指導者の役割**ですが、歴史が証明するように、この努力が健全になされても効果はないことが多いのです。民衆は指導者の地道な説得には耳を傾けず、威勢の良い扇動者に感情的に傾倒していくからです。

リンカーンとビスマルクは同時代に生き、それぞれ、アメリカとドイツの近代化への道を切り開きました。この2人の政治家の軌跡を比較検証することは、我々に多くのことを示唆します。

Chapter 5

「日本」と民主主義

――日本人に民主主義はムリなのか

上み君権を定め、
下も民権を限り

予は一介の野人として
政党を組織す

10 「上み君権を定め、下も民権を限り、至公至正、君民得て私すべからず。」

日本はなぜ、スムーズに近代革命を達成することができたのか？

大久保　利通

「民主主義指数」、日本の評価は？

イギリスのエコノミスト誌の系列のエコノミスト・インテリジェンス・ユニット研究所が毎年、発表している「民主主義指数」というものがあります。世界167の国・地域を対象に民主主義のレベルを評価した指数です。

「民主主義指数」は「選挙手続と多元主義」「政府機能」「政治参加」「政治文化」「市民の自由」の5つの項目基準で評価されます。

指数に基づき、以下の4ランクにクラス分けされます。

①「完全な民主主義」
②「欠陥のある民主主義」
③「混合政治体制」
④「独裁政治体制」

さて、2022年の日本の「民主主義指数」は世界で何位でしょうか。

首位は前回に続きノルウェー（獲得スコア9・75）、2位はニュージーランド（獲得スコア9・37）、3位はフィンランド（獲得スコア9・27）でした。最下位167位はアフガニスタン（獲得スコア0・32）、166位はミャンマー（獲得スコア1・02）、165位は北朝鮮（獲得スコア1・08）です。

イギリスが18位（獲得スコアは8・10）、アメリカが26位（獲得スコアは7・85）、そして、日本は17位（獲得スコア8・15）でした。因みに、韓国は16位（獲得スコア8・16）、台湾は8位（獲得スコア8・99）です。中国は148位（獲得スコア

2・21）です。

獲得スコアが8以上で、①の「完全な民主主義」のクラスに入ります。この最上位クラスに入っているアジアの国は**日本、韓国、台湾だけ**です。167ヶ国のうち、このクラスに入っているのは20ヶ国です。日本は、投票率が低いことや市民の政治参加が積極的でないことが、**点数を落としている要因**です。それでも、世界で、日本は一応、「完全な民主主義」と評価されているようです。

ただし、この「完全な民主主義」のクラスの20ヶ国中、日本は17位です。このまま、投票率が下がり、政治の混迷が続くようならば、すぐに8を割ってしまい、日本は「欠陥のある民主主義」にクラス分けされてしまいます。

こう考えるならば、我々、日本人の一人ひとりがこのことを自覚し、民主政治を前進させるためには何が必要なのかをよく考えなければなりません。

日本の民主主義はいつからはじまったのか

日本人はもともと、その気質から、民主主義に向いているのかもしれません。

西暦６０４年、厩戸王（聖徳太子）は憲法十七条を提示します。

その第一条には以下のようにあります。

「以和為貴。無忤為宗。」

——和を以って貴しとなし、忤うこと無きを宗とせよ。

この有名な第一条のくだりには、さらに以下のような特筆すべき記述もあります。

「然上和下睦。諧於論事。則事理自通。何事不成。」

——しかれども、上和ぎ下睦びて、
事を論うに諧うときは、すなわち事理おのずから通ず。
何事か成らざらん。

皆で親和・親睦の気持ちで議論すれば、道理にかない、どんなことも成就する、と言っています。これこそ、まさに民主主義の精神です。

今から１４００年以上も前に、日本にはこのような精神があったのです。日本人にとって、民主主義は歴史的な経緯からも民族の気質からも、得意とするところではないでしょうか。

日本の民主主義は戦後、ＧＨＱ（連合国軍最高司令官総司令部）によって作成された草案をもとに制定された日本国憲法からはじまったと捉える見解もありますが、これは間違っています。

明治時代から、日本は民主主義化へ向けて**諸改革に取り組んでいました**。明治後半期には、政党が成立し、政治の中心舞台が議会へと徐々に移行していき、天皇を中心とする国体でありながらも、**イギリス的な立憲君主制が充分に機能して**いました。

占領軍であったＧＨＱの言い分では、日本は戦前、民主主義でない封建国家のような扱いですが、それは偏った見方です。

日本では、明治22年に制定された大日本帝国憲法で、すでに**宗教や言論の自由が保障**されていました。

大日本帝国憲法第二十八条
日本臣民ハ安寧秩序ヲ妨ケス及臣民タルノ義務ニ背カサル限ニ於テ信教ノ自由ヲ有ス

大日本帝国憲法第二十九条
日本臣民ハ法律ノ範囲内ニ於テ言論著作印行集会及結社ノ自由ヲ有ス

それでは、幕末から明治時代以降の日本の民主主義の歩みを紐解いていきましょう。

MUST WORD

立憲君主制

近代市民階級の台頭により、専制君主制（絶対君主制）が崩壊し、君主権が憲法や議会などの制限を受けます。憲法を立て、それを守りながら、君主の存在が認められる体制が立憲君主制です。専制君主制は、王などの君主が憲法や法律の上にいる体制であるのに対し、立憲君主制は、君主が憲法や法律の下にいる体制です。

大政奉還という奇跡

歴史上、日本はヨーロッパのような流血の市民革命を経ていません。日本の近代革命は非常に特殊です。ヨーロッパの市民革命に匹敵する日本の近代革命は、**1868年の明治維新**です。

しかし、明治維新はブルジョワ市民によって起こされたものではなく、**特権階級の武士によって起こされたもの**です。後の財閥へと発展する江戸時代の大商人や町人たちは、ヨーロッパにおけるブルジョワ市民に相当するものですが、革命を主導するような力はありませんでした。

革命を主導したのは薩摩・長州の遠隔地の武士たちでした。そしてヨーロッパの王に相当するのが江戸幕府の将軍でした。最後の将軍徳川慶喜(とくがわよしのぶ)は、薩摩・長州の革命勢力に対し抵抗することなく時流を悟り、政権を天皇に返上しました(大政奉還(たいせいほうかん))。

その後、武士という封建勢力が、**自らの手で既得権を解体**し、その地位を捨て、改革を断行し、万民平等の新しい世を創ります。

また、彼らは「廃藩置県」によって、自らの拠り所であった藩を解体し、藩の有する軍事力を新政府軍に統合しました。私的な介入や一部の人間の恣意を排除し、軍を国家公民のための公軍としたのです。

ヨーロッパの市民革命では、国王をはじめ、多くの特権階級が処刑されています。フランス革命では、日々の大量処刑を迅速に執行するために「ギロチン」という断頭台が考案されたのは先に述べた通りです。

ヨーロッパの近代革命は血腥い暴力が付いて回ります。それに対し、日本の近代化に、大量処刑などはなく**穏健に進められました**。その背景として、**天皇の存在が大きかった**と思われます。

アメリカの近代史家デビッド・ランデスは、著書『「強国」論』の中で、最後の将軍徳川慶喜について次のように述べています。

「慶喜が、自らの体面を失うことなく政権から退くことができたのは、将軍よりも格上の天皇に、**預かった政権を返上する**という大政奉還の建て前を通すことができたからだ」

約２７０年間続いた江戸の将軍が、薩摩・長州という辺境の家臣に屈服したという恥辱にまみれるならば、江戸城の無血開城などはなく、死力を尽くして、革命軍と戦っていたでしょう。易々と政権を渡さず、血で血を洗う陰惨な内戦に発展した可能性があります。

大政奉還と同様に、廃藩置県は、藩の小君主（藩主）たちの実権を天皇に返還させるものでした。殿様である彼らが自らの特権を手放したのは、彼らよりもずっと身分の低い足軽上がりの革命者が命じたからではなく、**天皇の大命を仰いだからでした。**

Must Person

デビッド・S・ランデス

日本人は勤勉であったからこそ、近代化に成功した。

アメリカの歴史家、経済学者。２０１３年死去。主著『「強国」論』で、日本が他のアジア諸国と異なり、なぜ、近代化を達成し、欧米列強と並ぶことができたのかを経済面や制度面から鋭く分析しています。また、勤勉な日本人の民族性が歴史的にどのように育まれたかを詳しく述べています。

武士の忠義からして、天皇の大命には逆らえず、封建時代の実質的な実力者であった藩主のほとんどは潔く身を退いたのです。

その潔い精神というものは、ヨーロッパの特権階級には見られません。ヨーロッパの特権階級の多くは処刑台の前に引きずり出されるまで、悪態をつき、暴言を吐きながら、抵抗しました。

大久保利通の絶妙な政治的バランス感覚

ヨーロッパの民主革命の闘士から見れば、天皇を頂点とする明治の新生国家は、王政復古の封建時代への逆行に映ったかもしれません。

しかし、明治政府は天皇の独裁体制を敷いたわけではなく、天皇を頂く立憲君主政を敷きました。天皇の権限を抑えながら、内閣や議会との調和を図るバランスの取れた**近代政府の統治システムに移行することに成功**したのです。

ヨーロッパでは、フランス革命のように、革命後、革命者たちが権力闘争に明け暮れ、社会が大混乱に陥るというパターンがほとんどでした。

しかし、日本の場合、大久保利通という傑出した改革者がいたため、混乱は最小限にとどめられました。明治維新の直後の１８７３年（明治6年）、大久保は内務省を編成しました。自ら初代内務卿に就任し、権力を一手に担いました。板垣退助や江藤新平は、内務省の独裁に反発し議会創設を求めますが、大久保は、「国民は政治を議論することができる程、未だ成熟していない」として認めませんでした。

同年、「立憲政体に関する意見書」の中で、大久保は次のように言っています。

Okubo
大久保

「民主未だ以て取る可からず。君主も亦、未だ以て捨つ可からず。」

民主政治は、未だ採用することはできないし、エリート的君主政治を捨てることもできない、と大久保は言っています。

そして、大久保は日本を取り巻く現状が流動的であることを指摘し、焦って、民主政治か君主政治かを決める必要はない、と述べます。

Okubo
大久保

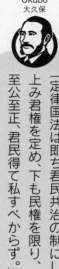

「政の体たる君主民主の異なるありといえども、
大凡土地風俗人情時勢に随て自然に之れを成立するものにして、
敢て今より之れを構成すべきものに非らず。
また敢て古に拠りて之れを墨守するものに非らず。」

君主政治、民主政治の違いはあるけれども、状況に応じて、これからの日本にふさわしい政治体制が自然と出来上がっていくであろうから、敢えて今、それを事細かく決めることはしない。かと言って、旧習を保守するものでもない、と大久保は言っています。

Okubo
大久保

「定律国法は即ち君民共治の制にして、
上み君権を定め、下も民権を限り、
至公至正、君民得て私すべからず。」

政治エリートや民衆のそれぞれの役割、権限や権利を抑制的に捉え、両者が公正な態度で共存・協調していくことが重要である、と主張しています。

大久保は、「君民共治」の**立憲君主主義が、当時の日本にとって最もふさわしい政治体制**である、と考えていました。

こうした観点から、大久保は、民主政治を導入しようとする考え方を急進的と捉え、**混乱を招くものとして退けた**のです。

大久保とビスマルク

大久保が理想としていたのは、ドイツのビスマルクでした。

ドイツも日本と同じく、イギリスやフランスよりも遅れて、近代化に取り組んでいました。ビスマルクは「上からの近代化」で、強引に殖産興業を推進していました。

1873年（明治6年）、岩倉使節団がドイツを訪問した際、首相のビスマルクから夕食会に招かれました。ビスマルクは、大久保らをはじめとする日本の使節団に好意を持ち、彼らに様々なことを話しました。

Bismarck
ビスマルク

「貴国と我が国は同じ境遇である。
私が幼い頃、プロイセンは貧弱な国であり、
当時、味わった小国の悲哀と怒りを忘れることができない。」

ビスマルクは、ドイツ統一前のプロイセンが弱小国に過ぎなかったにもかかわらず、数十年にわたり富国強兵に励み、ようやく列強に対抗する力を持つことができるようになったことを話しました。そして、日本もドイツに見習い、富国強兵への道を歩むべきことを大久保らに説きます。

Bismarck
ビスマルク

「今、日本と親交を結ぼうという国は多いが、
同じ境遇にあった我々ドイツこそが
最も親交を結ぶのにふさわしい国である。」

大久保は、ビスマルクの率直な話に強烈な感銘を受けました。

大久保は、一般民衆を愚民扱いする反民主主義的な独裁者というイメージがありますが、彼の政策の一つひとつを見ると、国民の成熟や政治への参加を願う意識が読み取れます。

民衆の隅々にまで富が行き渡るような累進的な税制を打ち出し、企業への細やかな助成の仕組みを考案しています。そして何よりも、教育政策に力を入れています。大久保は、身分の差なく、あまねく国民の子弟に教育を受けさせることを目指した「学制」という**統一的な教育制度を施行**しています。

しかしその後、1878年、大久保は不平士族に襲われ、暗殺されました。

大久保暗殺の翌年の1879年、各都道府県で**地方議会が発足**しています（区町村は1880年発足）。満20歳以上の男子に選挙権を与え、地方議会の議員を選出させました。この案を進めていたのは大久保です。大久保は、身近な地方政治から、国民の政治参加を**徐々に促そうと考えていた**のです。

大久保は、政治の目的や役割を以下のように定義しています。

Okubo
大久保

「広く国家の洪益を計り、洽(あま)ねく人民の自由を達し、法政の旨を失はず。」

MUST WORD

作られた「ビスマルク―大久保」像

司馬遼太郎の小説などで、大久保がビスマルクに心酔する様子が描かれていますが、実際には、それらのイメージは誇張されたものと言わざるを得ません。大久保がビスマルクに接したときの感動を記したとされる有名な一節があります。「新興国家を経営するに、ビスマルク侯の如くあるべし。我、大いに頷く。」しかし、これは実際に、大久保が記したものではなく、評論家の三宅雪嶺(みやけせつれい)が1928年（昭和3年）に寄稿した雑誌の記事の中で、大久保に語らせたセリフに過ぎません。大久保はビスマルクのドイツを模範としましたが、ドイツだけでなく、イギリスやフランス、アメリカの優れた点を客観的に分析し、参考にしていました。大久保は決して、ビスマルクだけに、熱狂的に肩入れしたわけではありません。

11 「しからば、予は官職、勲爵の一切を拝辞し、一介の野人として政党を組織す。」

伊藤 博文

日本の市民革命とは何だったのか？
日本はどのように近代民主主義を達成したか？

日本におけるブルジョワの成長

日本にとって、大久保利通のような傑出した改革者がいたことはこの上ない幸いでした。大久保利通の遺志を伊藤博文が引き継ぎます。

1889年、**大日本帝国憲法が発布され**、**その翌年には帝国議会が開かれ**ます。

当初、議会というのは名ばかりの存在で、内閣・官僚が実質的な権限を有していました。

伊藤博文ら指導者は「**超然主義**」というスタンスを取っていました。「超然主義」とは、内閣は効率的な改革の遂行のため議会・政党の意思に制約されず、果敢に行動すべきという考え方のことです。

このときの内閣・政府は薩摩・長州などの維新の功労者で独占されていました。「藩閥（はんばつ）政府」と呼ばれ、エリート政治を展開していました。

1895年、日本は日清戦争に勝利します。この大規模な対外戦争を通じて国民が一致結束し、維新政府の基盤が固まります。

多額の賠償金を中国から得て、殖産興業が進みます。経済が飛躍し、一般国民の中産階級が成長しはじめます。日清戦争を契機に台頭する中産階級が、ヨーロッパでいう**ブルジョワ市民階級に匹敵**するもの、と言えます。

日本の近代化はヨーロッパと違い、「上からの近代化」であり、政府が殖産興業の道筋をつけました。

明治維新の直後は、繊維を中心とする官営工場が産業の主体でした。しかし、その後30年の間に、日清戦争を経て産業の裾野が大きく広がり、民間企業が育ちはじめました。

産業の成長とともに、ビジネスで生計を立てる一般市民層のブルジョワが台頭し、大きな社会勢力となります。

国民の政治参加を可能にした伊藤博文の英断

伊藤博文は、こうした状況を踏まえ、従来の「超然主義」のスタンスを改めます。伊藤は議会との協調路線を打ち出します。１９００年、民党（自由民権運動を推進してきた民衆代表政党）の立憲政友会を旗揚げして、**藩閥政府の独裁を解体**しようとしました。

このような伊藤の新しい動きに対し、元老たちは反発しました。藩閥勢力の首領であった山縣有朋は伊藤の新党組織に反対して、議会で以下のように質します。

「身いやしくも内閣総理大臣たる者が、同志を糾合して（まとめて）、一党を樹てんとするは何事か。政府たるものは何れの政党に対しても、公平なるを本義とすべきに、首相直参の政党を作れば、政府の公明正大は失はれるに至る。」

山縣に対し、伊藤は以下のように答弁します。

Ito
伊藤

「予は潔く現職を退くべし。」

「現職を去っても、閣下は元老である。元老は陛下に対し、国務献替（けんたい）の責を負う者ではないか。その元老が一方の政党を主裁すれば、忽（たちま）ち不偏不党の地位は失われるではないか。」と、山縣は一歩も退かず、伊藤を問い詰めました。

Ito
伊藤

「しからば、予は官職、勲爵の一切を拝辞し、一介の野人として政党を組織す。」

しかし、なおも山縣は伊藤に食い下がり、批判を続けたため、たまりかねた伊藤は以下のように答えました。

Ito
伊藤

「山縣君と予とは憲政に関する考えを異にする。政党内閣の可否を論ずるは枝葉末節にして、要は皇国の進退に資するや否やに在る。」

伊藤の言葉を聴いた山縣をはじめとする元老たちは、「啞然(あぜん)とした」といいます。伊藤は山縣たち守旧派の抵抗を押し切り、侯爵の地位を返上して、政党の結成へと突き進みます。

そして、公家の西園寺公望(さいおんじきんもち)、党派人の原敬(はらたかし)らとともに立憲政友会を組織し、自ら総裁に就きます。

Ito
伊藤

「政党は宜しく私心を去り国家に奉ずべし。立憲政友会をして政党の模範とす。」

こうして伊藤は政党政治への道を開き、国民の政治参加を可能にしていきます。これは、「第二の維新」とも言うべき、**革新的な出来事**でした。

政府は独裁的な政治運営を止め、議会・民党と連携・協調していくようになります。そして政府は、中産階級の協力と支持を得ることに成功し、広く国民経済に資する**産業政策、金融制度、税制体系などを整備**していきます。

権力者は、一度手に入れた政権や特権を自ら手放したりしません。指導者や為政者というものは、必ず権力に固執します。

通常、権力者から権力を奪い取るためには、権力者を殺して奪うしか方法がありません。欧米各国は、市民革命によって民主主義を進めていく際に、特権階級を大量処刑せざるを得ませんでした。民主主義を勝ち取るために、多くの犠牲者が出たのです。

これに対し、日本の民主主義への移行は流血が伴いませんでした。最後の将軍徳川慶喜は、大政奉還で権力を平和的に譲り渡しました。

伊藤博文のような維新の元勲（げんくん）も、権力に固執しませんでした。伊藤博文は当初、「超然主義」を豪語し独裁政治を進めていたのですが、近代化が成功しブルジョワ市民階級が育ちはじめると、彼らに**政治の門戸を気前よく開いた**のです。

政府と市民の協力体制を作った2人の首相

時流に応じて改革を進めていこうとする指導者の優れたバランス感覚が、**明治時代の日本の政治の特徴**でした。

伊藤博文は立憲政友会によって、殖産興業で急速に台頭するブルジョワ市民階級の民意を吸収します。立憲政友会は、薩摩・長州主導の藩閥政治に対抗することのできる議会政党に成長していきます。

ブルジョワ市民階級の成長とともに、彼らの発言力も高まります。彼らは巨額の税を国家に納め近代社会を牽引し、大きな存在感を発揮していきます。**ブルジョワ市民階級の意向を汲み取る政治システムの構築**が急がれ、伊藤はそれに応えました。立憲政友会には伊藤博文の他に、公家出身の西園寺公望が加わります。

西園寺は、伊藤の後を継ぎ、政友会の総裁になります。伊藤は藩閥でもなく、市民階級でもない公家を後任にしました。どちらにも偏らない巧みなバランス感党を発揮し、各勢力の権力配分に考慮した挙党一致体制をとらせたのです。

一方、薩長藩閥政治家たちの役割も重要でした。1901年以降、長州閥の桂太郎（かつらたろう）が中心となり、藩閥勢力は官僚や軍に強い影響力を持ち、統率のとれた近代国家機構の担い手となります。

以後、藩閥勢力の代表である桂太郎と、民党の立憲政友会の代表である西園寺公望の2人が交互に首相となり、政権を担当します。官僚や軍と、中産市民階級の利害を調整しながら**互いに協力し合い、安定した政権運営**を行います。10年以上、続いた両者の協力体制は、両者の名から「桂園（けいえん）体制」と呼ばれます。

ヨーロッパでは市民革命後、官僚や軍など政府を構成する勢力とブルジョワ市民階級の利害が一致せず、たびたび流血の騒動になりました。そこに、下層階級の多数派が暴動を引き起こすなどして、事態が収拾できなくなるケースが大半でした。

日本は維新直後、大久保利通が内務省を率い、民衆の不平・不満や様々な混乱の要因を強権によって抑えていました。

しかし維新から30年、日清戦争に勝利してようやくブルジョワ勢力が成長すると、政府がブルジョワ市民階級に大きく歩み寄り、**協力体制を築くことに成功**しました。国民が一致結束し、近代改革に邁進した結果、1905年、日本は日露戦争で大国ロシアに勝利しました。

日本型市民革命

日本も、ヨーロッパと同じように、明治維新を経て、市民革命のプロセスをたどり、近代民主主義へと向かっています。

日本では、市民革命が本来引き起こす衝突や衝撃を巧みな政治の舵取りで和らげることができたため、市民革命の苛烈さがなく、まるで、**市民革命自体がなかったように論じられる**のです。

1900年、立憲政友会が発足し、政党や議会が政治を主導しはじめます。日露戦争後、日本の資本主義の発展が更に進み、市民階級が成長するにつれ、**「大正デモクラシー」と呼ばれる民主主義運動が本格化**します。

尾崎行雄や犬養毅らが中心となり、1912年(大正元年)、「閥族打破・憲政擁護」を掲げた第一次護憲運動が展開されます。この運動の盛り上がりの中、官僚や軍の勢力であった藩閥派の桂内閣は総辞職に追い込まれます。

1918年、原敬内閣が成立します。それまで総理大臣は、元老や重臣会議が特定の人物を天皇に推挙し、天皇がその人物を総理大臣に任命していました。

つまり、選挙で選ばれた人物が総理大臣になっていたわけではありません。

原は選挙で選ばれた多数党の立憲政友会の党首でした。多数党の党首が総理大臣になり、組閣する内閣を「政党内閣」と呼びます。原内閣は民意を背景とした初の政党内閣でした。

MUST AFFAIRS

桂園体制推移

第1次桂内閣（1901～06年）

1902年　日英同盟協約
1904年　日露戦争

第1次西園寺内閣（1906～08年）

1906年　鉄道国有法、日本社会党結成

第2次桂内閣（1908～11年）

1910年　韓国併合
1911年　工場法公布

第2次西園寺内閣（1911～12年）

1912年　大正改元

第3次桂内閣（1912～13年）

1913年　第一次護憲運動

伊藤博文が創設した立憲政友会は原の**「政党内閣」へと結実**していったのです。

平民宰相と呼ばれた原も、**普通選挙に対しては時期尚早として消極的**でした。原は普通選挙運動が「階級制度打破」を掲げる労働運動・社会主義運動と結びつくことに特に警戒しました。

原は1920年、普通選挙法案を審議中の衆議院を解散し、普通選挙運動の高まりに対抗しました。原にとって、普通選挙の要求は、解散権を行使しなければならないほど危険なものだったのです。

総選挙の結果、原の率いる立憲政友会が絶対多数を占め、原内閣の立場が確固たるものとなったため、普通選挙運動はしばらく低迷します。

Must Person
原敬

国家に貢献せんと欲すれば、ますます党勢を拡張せざるを得ず、ますます党員の結束を強固にせざるを得ず。

岩手県出身の政治家。司法省法学校中退後、新聞記者となります。陸奥宗光(むつむねみつ)の知遇を得て、外務省に入省。伊藤の立憲政友会創設に加わり、同党所属で、岩手から出馬し、連続当選、総裁にまで登りつめ、「平民宰相」と親しまれました。1921年、東京駅頭で刺殺。

原内閣から4年後の1925年、加藤高明（かとうたかあき）内閣により、ようやくアジア初の普通選挙法が制定されます。財産（納税額）によって制限される制限選挙をやめ、満25歳以上の全ての男子に選挙権が与えられました。

日本において、市民革命のエネルギーは、過激に社会秩序を崩壊させることはありませんでした。明治維新から、57年かけて普通選挙が認められたように、市民階級の成長とともに、民主主義は**緩やかに進められていった**のです。

MUST WORD

天皇機関説

大正デモクラシーの中で、天皇の法的位置づけについて改めて問う議論が起こります。憲法学者の美濃部達吉は天皇機関説を唱えました。

天皇機関説では、国家が主権（政治的決定権）を持つ存在と定められ、その中に、天皇という最高意思決定権を持つ政治機関が含まれる、とされます。これに対し天皇主権説では、天皇は国家を超えた存在で、天皇が独自に国家を動かす主権を持つ、とされます。

天皇機関説では、天皇の権限は法によって規定され、内閣や帝国議会によって支えられるものであるとし、天皇主権説では、天皇の権限は内閣や帝国議会とは関係なく、独自に行使され得る、とします。

1920年代、天皇機関説が優位となり、政党政治の発展に理論的基礎を与えますが、1930年代、軍部の台頭とともに天皇を神格化する運動が生じ、天皇機関説は排撃されます。

Chapter 6

「独裁」と民主主義

——独裁政治は最も民主主義的!?

熱狂する大衆のみが
操縦可能である

余の真の栄誉は、
永久に生きる余の
民法典である

12

「民主主義は治者と被治者の同一性を基礎とする統治原理である。」

カール・シュミット

「決められる政治」は「決められない政治」よりも正しいのか？

「独裁」と批判されずに強権政治を進める唯一の方法

「決められない政治」ということがよく言われます。議会で長々と議論が続けられた挙げ句、結論先送りとなり、問題が放置されます。あるいは、日本人の得意な「玉虫色の合意」がなされて、結論の白黒をハッキリさせず、意思決定が骨抜きにされてしまうこともよくあります。これも「決められない政治」の1つです。

一方、安倍政権が安全保障法制を整備することを政治決定すると、「議論が熟していない」「国民の理解が進んでいない」とする批判が巻き起こります。

「決められない政治」はリーダーシップ不在と批判され、「決められる政治」は国民軽視の強権政治と批判されます。

民主主義にとって、政治決定をするというのはどういうことなのでしょうか。

20世紀に活躍したドイツの政治学者カール・シュミットは、この問いに答え、以下のように言っています。

Schmitt
シュミット

「民主主義は治者と被治者の同一性を基礎とする統治原理である。」

治者というのは政治決定を行う者、即ち政治家であり、被治者とは国民一般のことです。国民が望む方向を政治家が汲み取り、**その方向に合わせて政治決定を行う**ことが、シュミットの言う「同一性」です。

国民が望む方向性にピタリと一致して政治が進められれば、誰も強権的と批判することはないでしょう。シュミットの「同一性」が達成されている政治状況では、政治家がいかに速く政治決定して、いかに強く権力を振りかざし、いかに激しく政策を推し進めても、それは、強権的、独裁的とは批判されないのです。国民がそれを望んでいるからです。

シュミットは民衆と政治指導者が一体となり、**民衆の望みを実現することが民主主義である**、と主張します。

議会政治はなぜ、民意とかけ離れてしまうのか?

議会において政党による討論を民主主義的に展開しても、国民が望む方向に意思決定がなされず政治も動かなければ、「同一性」は達成されていないことになります。このような政治は、シュミットの定義に従えば民主主義ではありません。

シュミットは、多数決原理を運営の前提とする議会政治によって「同一性」が導き出されるのならば、議会政治は民主主義にとって意義はある、と説きます。

しかし、議会政治は議論の混迷や、政党の利害、密室的談合などにより、**往々にして「同一性」を導き出すことはできません**。

Schmitt
シュミット

「議会は政治的倫理・理念を欠いた妥協のための技術が磨かれる場に過ぎない。」

シュミットは、**議会政治と民主政治は互いに異なるもの**であると言います。

我々は一般的に、「議会制民主主義」という言葉にもあるように、議会政治と民主政治は1つのセットだと捉えていますが、シュミットは「別物」だと言っているのです。議会政治が発展したとしても、そこで決められたことや運営の実態が民衆の望む方向と異なる場合、議会政治は民主政治とはなり得ません。

Must Person
カール・シュミット

民衆が望む方向性と、政治家が目指す政治の方向性が一致していることが民主主義

議会政治を利権主義と批判し、ナチスを理論的に擁護したことで、ナチス政権に認められ、1933年から1945年まで、ベルリン大学の教授となります。第二次世界大戦後に逮捕され、ニュルンベルク裁判に召喚されますが、不起訴となります。

シュミットにとって、議会政治は民主政治の条件でもなければ、民主政治を実現するための手段でもありません。ほとんどの場合、**政治エリートらの談合の舞台**でしかありません。

議会の議員は、一部の狭い領域や分野を代表するものに過ぎず、国民全体の支持を受けた者ではありません。彼らのような治者は、被治者である**民衆との同一性を確立するには至らない**、とシュミットは説きます。

シュミットは、国民の圧倒的な支持を得たカリスマ的指導者が「喝采」（シュミットはこれを「**アクラマチオ**」と呼ぶ）という一般合意を背景に政治的な意思決定をした方が、議会政治よりも「同一性」に至る可能性が高い、と主張します。

Schmitt
シュミット

「人民の代わりに、人民の信頼する指導者が決定を行うとすれば、
それがたとえ一人であったとしても、
人民の名において決定を行うことができる。」

国民全体によって支持される指導者こそが、国民の意思を一元的に汲み取り、「決められる政治」によって**「同一性」を体現する権能を有する**、とシュミットは結論付けたのです。

ヒトラーの独裁政権は民主主義的？

第一次世界大戦に敗北したドイツでは、1919年、ヴァイマール憲法（ワイマール憲法）という民主的な憲法が制定されました。

ヴァイマール憲法は、普通選挙に基づく参政権、福祉などの社会保障、人権などを規定し、当時、最も民主主義的な憲法とされます。この憲法の名を取り、第一次世界大戦後のドイツはヴァイマール共和国と呼ばれていました。

1929年、世界恐慌で、ドイツの経済は壊滅的な状況に陥ります。倒産が相次ぎ、失業率が急上昇し、ドイツ国民は路頭に迷いました。各地で共産主義者や右翼の反乱・暴動が起こり、政局は混迷を極めました。

しかし、ヴァイマール共和国政府は有効な解決策を打ち出すことができませんでした。この混乱に乗じて現れたのが、アドルフ・ヒトラー率いるナチスです。ヒトラーは、危機に対処する能力のない既存の政党やヴァイマール共和国体制を激しく批判し、国民の支持を拡大していきます。１９３３年、ヒトラーは遂に政権を獲得します。そして、国民の圧倒的な支持をもとに強力に政治を推進し経済を回復させ、失業問題を解決しました。

シュミットは、国民の生活を救済し、国民の望みを叶えたヒトラーを高く評価し、**ヒトラーによる独裁政権を民主主義的として肯定**しました。

Schmitt
シュミット

「(ヒトラー以前の)ヴァイマール体制下の既存の政党は、国民の代表というよりは、各利益団体の代表に過ぎない。」

シュミットは１９２６年の論文「議会主義と現代の大衆民主主義との対立」で、議会を形骸的な「控えの間（Vorraum）」と呼び、実際の決定は議会外の密室における利害調整によって決められている、と述べています。

シュミットは、国民の圧倒的な支持を受けたヒトラーやナチスは、そのような利害調整を行う必要はなく、**国民の望みや意思を直接政治決定に反映**させた強い政治を推進することができ、民主主義の本来の目的を果たし得る、と考えたのです。

シュミットは1933年5月1日の「民族共同体の国民祝祭日」に合わせて、哲学者のマルティン・ハイデッガーとともにナチ党に入党しています。

ハイデッガーは党が主催する祝典の演壇に立ち、「ドイツ民族のための新しい精神世界の建設が、ドイツの大学の最も重要な使命となっている。」と演説し、文化や学問のナチ化を支持しています。

検証、ヒトラーの政治手腕

1929年以降、世界恐慌でドイツ経済は壊滅状態にありました。失業率は30%を超えて、国民は極度に困窮していました。

ヒトラーは、高速道路建設（アウトバーン）などの公共事業の大規模な展開、軍需生産への予算割当、などを行いました。ヒトラー以前の政権が何ヶ月もかけて決められなかった予算の執行を即時決定し、経済政策の方向性を明確に示しました。ドイツ経済はV字回復し、失業者が激減しました。迅速で効果的な**ヒトラーの経済政策が成功**したのです。

ヒトラーの強力な指導力で、政治、企業、労働の各分野が一体となってドイツ経済を強力に押し上げていきました。シュミットのいう「治者と被治者の同一性」はヒトラーによって体現されていました。

Hitler
ヒトラー

「私は夢想家だといわれた。その夢想家がいなければ、ドイツはどうなっていたか。私は未来を信じた。至上の国ドイツの復活を信じた。それは狂気だと言われた。国力の回復を信じた私を、ドイツ経済の復活を信じた私を、人は狂気だと言ったのだ。だが、私こそが正しかった。」

ヒトラーが主導したナチスは、正式には「国家社会主義ドイツ労働者党」と言

MUST AFFAIRS

ファシズムの政治形態

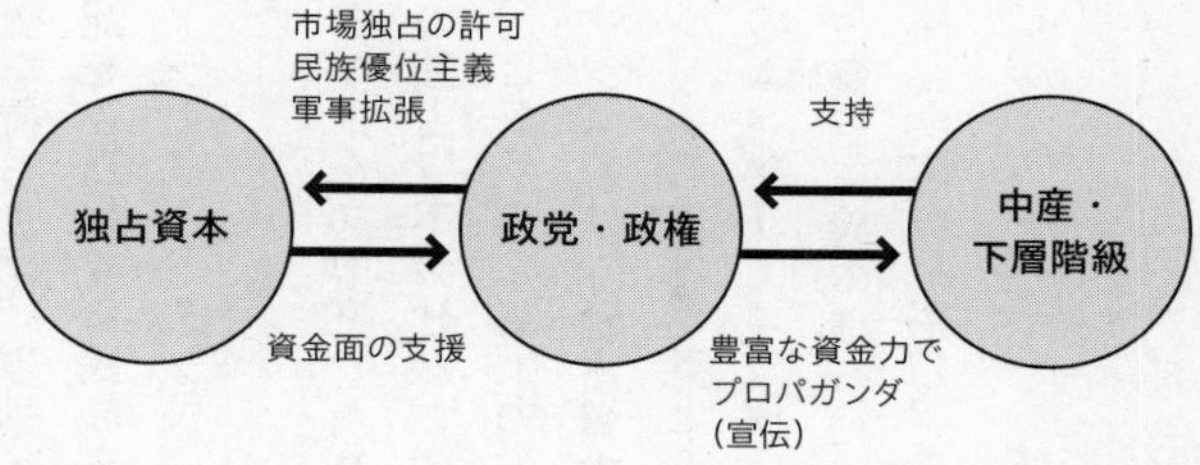

ファシズムはイタリア語の「ファッショ」、「束ねる」という意味です。ファシズムは巨大独占資本の資金力を背景に、中産階級から、下層階級までを、巧みな宣伝で取り込み、社会全体を政権の支配下に置き、文字通り「束ね」ます。そのため、ファシズムは全体主義と同義であり、独占資本の海外進出とともに、軍国主義や民族主義を必要とするのです。

いますが、社会主義の政党ではありません。それは国民大多数の労働者らの支持と票を獲得するための見せかけの看板です。本質的にナチ党は、巨大独占資本会社と癒着した**極端な資本主義政党**です。

国内のシェアを固めた巨大企業を独占資本と呼びます。ドイツや日本など後進の資本主義国では、「上からの近代化」により政府と深い関係のある一部の財閥会社が、市場のシェアの大半を支配する、独占資本主義が過度に横行していました。

独占資本は、必然的に、多くの利潤と資本支配を求めて海外へ進出する特徴を持ちます。海外へ進出する独占資本は、「自国民の優越」から**他国民への支配を正当化する民族主義**を必要とします。

ヒトラーは「ドイツ民族の優位」を掲げ、独占資本に対し活動の正当性を与えました。

ヒトラーを必要としたクルップ財閥（軍需）やイー・ゲー・ファルベン（化学）などの独占資本会社は、ナチスを資金面から強力に支援していきます。この癒着こそ、ヒトラーの支配力の源泉です。

ファシズムは、**独占資本と民族主義政治が癒着した政治形態**と定義できます。ファシズムの政治形態となっていた代表的な政権が、ドイツのナチス政権、イタリアのムッソリーニ政権、日本の戦前の軍国主義政権です。

独占資本主義の横行により、資本主義が本来持つ開かれた自由競争が疎外され、社会全体が閉塞し、ファシズムのような管理支配の体制が現出します。

13

「熱狂する大衆のみが操縦可能である。」

アドルフ・ヒトラー

人々はなぜ、ヒトラーを選び、ヒトラーに従ったのか？

民主主義の致命的欠陥がヒトラーを生んだ

ヒトラーは、民主主義の選挙によってナチス党の議席を議会で拡大し、政権を獲得したことでよく知られています。ヒトラーの盟友、イタリアのムッソリーニが「ローマ進軍」と呼ばれる武力クーデタで政権を獲得したこととは対照的です。

1928年の総選挙で12議席しかなかったナチ党は、党勢を拡大していき、1932年に第1党に躍進、1933年の総選挙で288議席を獲得しています。

このときのナチスの議席は過半数には届かなかったものの、全議席の43・8％を占めました。ヒトラーは同年、圧倒的な議席数を背景に首相となりました。

１９３４年、ヒトラーは大統領と首相を統合した「総統」職を新設して、自らその地位に就くことについて、ドイツ国民の承認を得るため国民投票を実施しました。この国民投票の投票率は95・７％、うち無効票２・０％、有効票のうち賛成票89・９％、反対票10・０％でした。

こうして**ヒトラーは、国民の圧倒的支持によって全権を獲得**したのです。通常独裁者は、シーザーやナポレオンなどのように武力クーデタで政権を握りますが、ヒトラーは例外でした。

一般の国民はなぜ、ヒトラーとともに、破滅する運命を自ら選んだのかと現代の我々は疑問に思います。

しかし、当時のドイツ国民のほとんどが、ヒトラーを選ぶことが**破滅に繋がるとは予想しなかった**のです。

ここが民主主義の恐ろしいところです。みんなが選んだ代表者、みんなが望んだ政治、みんなが認めた価値観。これらのものは、多数によって正当性が保障さ

MUST AFFAIRS

ドイツ議会の各党議席数推移

国会の政党	1928年5月20日	1930年9月14日	1932年7月31日	1932年11月6日	1933年3月5日	1933年11月12日	1936年3月29日	1938年4月10日
共産党	54	77	89	100	81	禁止	–	–
ドイツ社会民主党	153	143	133	121	120	禁止	–	–
カトリック中央党	78	87	97	90	93	解散	–	–
ドイツ国家人民党	73	41	37	52	52	解散	–	–
ナチ党	**12**	**107**	**230**	**196**	**288**	**661**	**741**	**813**
その他の政党	121	122	22	35	23	–	–	–

れている、と知らず知らずのうちに思い込まされていきます。

民主主義という集団における価値判断が先行するとき、その価値判断が誤っているのではないかと疑いを抱いたとしても、普通の人間は**それに抵抗することはできません**。抵抗することによって引き起こすであろう集団の反発や怒りを恐れるからです。

本能的に、集団との摩擦を恐れる心理が働き、人々は集団に追従し、自らの身を守ろうとします。

これは、一般の人間ならば誰にでも兼ね備わっている集団心理です。一人で集団に立ち向かい、自分の信念を貫き通すということは困難なことです。

集団に依存するメカニズム

人間には、自分自身の価値基準を捨て、**集団の中に身を委ねることに心地よさを感じる**習性があります。ヒトラー時代のドイツのように不況や失業が人々を襲い、個人が無力感や不安感を抱いているとき、そのような習性は一層強まります。

ドイツの社会心理学者エーリッヒ・フロムは、著書『自由からの逃走』（１９４１年）で、当時のドイツの人々がヒトラーに傾倒していった経緯を、そのタイトルの通り自由から逃げる民衆の心理として分析しています。

Fromm
フロム

「人生に対する懐疑で押しつぶされそうになった個人は、自由の重荷から逃れて、新しい依存と従属を求める。」

困難で過酷な現実を前にしたとき、自分自身を維持しようとする強い意志を持ち続けることよりも、集団や指導者に依存することの方が楽であるため、人間は集団あるいは指導者依存へと流されていきます。フロムはこうした人間の行動を「個人が自分自身であることをやめる」と表現しています。

Fromm
フロム

「自由からの逃避の最初のメカニズムは、人間が個人的自我の独立を捨て、その個人に欠けているような力を獲得するために、個人の外側のものと自分自身を融合させようとする。」

ナチス＝ヒトラーを支持し、その支配に服属するということは、人々が自分で判断をし、行動することの自由を自ら捨てるということです。

しかし、ナチスのような集団に所属することで、個人の無力感は解消されます。そして、偉大な指導者が困窮から自分たちを救済してくれるのを受動的に待ちます。ヒトラーは、このような行動を取る人々の心理を捉えて以下のように言っています。

Hitler
ヒトラー

「大衆は弱者に従って行くよりも、
強者に引っ張って行ってもらうことを望む。
大衆とはそのように怠惰で無責任な存在である。」

フロムによると、人々は従属や依存を求めて権威に服従するとき、自分自身が権威であるかのような錯覚を抱きます。この錯覚によって、無力感に囚われていた人々は集団の中に存在意義を感じるようになり、一層集団への従属を強め、**自らの思考や判断の自由を放棄する**ようになります。

フロムが分析した民衆心理は、ヒトラーの時代のドイツ人にだけ当てはまるものではなく、いつの時代にも、どのような人々にも当てはまります。

また、こうした民衆心理は政治集団だけでなく、宗教集団や会社組織にも当てはまります。

我々が気付かぬうちに自由が奪われ、**従属や隷属を強いられる**ことは昔も今も、あらゆる集団、あらゆる場面で起こり得ます。

自由は我々が考える以上に脆く、儚いものなのです。

Fromm
フロム

「現代における逃避の主要な社会的通路は、ファシスト国家に起こったような指導者への隷属であり、また、我々の民主主義的国家に広く行き渡っている強制的な画一化である。」

Must Person

エーリッヒ・フロム

権威への服従が孤独と不安を回避する。

ユダヤ系のドイツ人の社会心理学者。フロイトの心理学を批判的に継承。ナチスが政権を掌握した後、スイス・ジュネーヴに移り、さらに1934年、アメリカへ移住。近代において発生した個人の自由が、どのように権威主義やナチズムに結びついたかを主著『自由からの逃走』で、詳述しました。

ヒトラーはどのように人々を煽ったのか？

ナチス＝ヒトラーは、民衆の集団心理をプロパガンダ（宣伝・広告）によって、巧みに操作し、支持を広げました。

Hitler
ヒトラー

「宣伝技術とはまさしく、大衆の感情的世界を把握し、それにふさわしい形式で、注意をひき、さらに心の中に入り込むことにある。」

民衆はいつの時代でも貧しく、生活に困窮し、不満を抱くものです。扇動的な指導者は、困窮の原因を誰かのせいにして**「敵なる存在」を意図的に設定**します。

民衆の不満を「敵なる存在」に振り向けて、それを叩きのめし、排除することで、不満を解消し、民衆に達成感を与えようとします。

ヒトラーはユダヤ人、共産主義者、社会民主党などのヴァイマール体制の既存政党を「敵なる存在」としてターゲット化し、彼らにドイツの困窮の責任を負わせようとしました。

特に、ヒトラーは第一次世界大戦でドイツが敗北したのは、共産主義者が戦時中に内乱を起こし、戦争の遂行ができなくなったためであると考え、共産主義者は人民や国家の敵である、というプロパガンダを盛んに流しました。

そして、ヒトラーは、「敵なる存在」と果敢に戦う強いリーダーを演じ、人々の熱狂的な追随を誘ったのです。

Hitler
ヒトラー

「熱狂する大衆のみが操縦可能である。」

扇動的な指導者は、民衆に熱狂と刺激を与えるため、常に「敵なる存在」を必要とします。熱狂と刺激が弱まってしまうと自らの指導力も弱まってしまうため、次々と**新しい敵なる存在をターゲット**にしなければなりません。

民衆は、ターゲットがいつか自分自身に向かってくるというリスクの見極めや判断力を、熱狂的なムードの中で知らず知らずに失っていきます。

マルティン・ニーメラーというドイツ人の牧師はこうした民衆の心理を詩に表現しています。

ナチスが最初共産主義者を攻撃したとき、
私は声をあげなかった
私は共産主義者ではなかったから

社会民主主義者が牢獄に入れられたとき、
私は声をあげなかった
私は社会民主主義ではなかったから

彼らが労働組合員たちを攻撃したとき、
私は声をあげなかった

私は労働組合員ではなかったから
そして、彼らが私を攻撃したとき、
私のために声をあげる者は
誰一人残っていなかった

この詩は、日本ではあまり知られていませんが、ドイツをはじめヨーロッパでは非常に有名です。危機が自分の身に迫っていることを察知する能力や感覚が欠如していくとき、何が起こるかということを端的に表現しています。

宣伝大臣ゲッベルス

ヒトラーは、民衆が待ち望む強力な指導者を演じ、民衆の心理を操作していきます。

ヒトラーは自著『わが闘争』の中で、民衆を次のように分析しています。民衆は、感情に動かされ、暗示にかかりやすい、集団に盲目的に従う、単純化と断定を好む。

MUST WORD

『わが闘争』

ヒトラーは、ミュンヘン一揆失敗後、逮捕されます（34歳のとき）。死刑判決が下るものと思われていましたが、ヒトラーは法廷で、憂慮すべきドイツの窮状を雄弁に弁舌し、裁判官をはじめ、多くの人々がヒトラーの弁舌に圧倒され感銘し、死刑を免れました。このとき、獄中で書かれた『わが闘争』は鋭い史観で社会の矛盾を突き、当時のドイツの人々の心を揺り動かし、多くの知識人・文化人がヒトラーの思想に深く共鳴しました。

当時、ラジオが普及しはじめていました。ヒトラーの腹心ゲッベルスはラジオを使い、ヒトラーの演説を効果的に放送しました。ゲッベルスは莫大な資金を注ぎ込みラジオ局を買収していきます。

ナチスの政権獲得後、ゲッベルスは宣伝省を創設、自ら宣伝大臣となります。

ラジオ放送を全面的にナチス有利なものに編集し、民衆を扇動します。ナチスは数多くの祝日を設定し、大規模な祭典を開催して、ラジオ番組でヒトラーの演説を中継しました。

ゲッベルスはラジオの大量生産を支援し、安価に販売しました。一家に一台のラジオという目標で、10万台を生産しました。民衆の多くがラジオによってナチスに感化されていったのです。

ナチス時代のドイツのように、現在でも、民衆は**メディアに容易に感化**されてしまいます。民衆はいつの時代でも画一的で、多数派に同調し、自分で考え、判断し、行動するという**自主性を欠いて**います。**メディアの印象操作は巧妙**です。思慮のある人間でも、メディアの印象操作に支配され、判断の独立を保つことはできません。まして、一般民衆は簡単にメディアの暗示に掛かり、衝動や感情を駆り立てられます。

特に、1930年代のドイツのように、不況で困窮の極みに立たされた民衆は一層、メディアの画一的な暗示に掛かり易くなります。日本でも、不況の焦燥の中、国民がメディアに踊らされ、政権が右へ左へと大きく揺れ動きました。

何より宣伝の対象人物に、それが宣伝だと気付かせてはならない。同様に、宣伝の意図も巧妙に隠しておく必要がある。相手の知らぬ間に、たっぷり思想を染み込ませるのだ。

Must Person
ヨーゼフ・ゲッベルス

ハイデルベルク大学でロマン派文学の研究で文献学の哲学博士の学位を取得。卒業後、ジャーナリストを目指しましたが叶わず、銀行に就職。失意のうちに、鬱屈した生活を送っていたときに、ヒトラーと運命的な出会いをし、1925年、ナチス党に入党。ヒトラーに弁舌の才能を買われ、取り立てられていきます。

14

「余の真の栄誉は、永久に生きる余の民法典である。」

ナポレオン・ボナパルト

ナポレオンはなぜ、民衆から圧倒的に支持されたのか?

ナポレオンが自画自賛した法典

民主主義の目的とは、その最も原初的な意味において、「**富の分配を公正に機能させ、人々の幸福を実現すること**」と定義することができます。

近代の歴史の中で、そのことに成功した典型例がナポレオン政治でした。1789年に始まったフランス革命でフランス国内は大混乱に陥ります。その混乱を救ったのがナポレオンでした。

ナポレオンは軍人出身で、有能な将校として現場の兵士たちの信任も厚く、数々の武功を挙げ、若くして出世しました。

ナポレオンは軍を完全掌握し、軍もナポレオンの統率を望みました。1799年、ナポレオンは軍事クーデタを決行し、政権を握りました。

1804年、ナポレオンは、**「ナポレオン法典」と呼ばれる民法典**を作りました。これは、史上初の本格的な民法典で、「法の前の平等」「信教の自由」「経済活動の自由」等の近代思想を取り入れており、**近代市民社会の規範**となります。

ナポレオン法典は、近代的な様々な権利関係を規定しました。その中で最も重要な点は、台頭する資本家や商工業者などの、**ブルジョワ富裕層の財産所有権を保障**したことです。これを、「私有財産の不可侵」と言います。

フランス革命直後、共和派によって富裕層は、ブルボン王政への債権を強制的に放棄させられました。また、私有財産を一方的に没収されたりもしました。

それ以来、フランスにおいて財産形成に人々が恐れをなし、投資・起業がほとんど起こらず、経済の停滞の原因となっていました。もちろん、外国からの資金投資も危ぶまれて、フランスは経済的に孤立していました。

ナポレオンは、そうした状況で「私有財産の不可侵」を法令の文章として明文化、それを保障すると宣言したのです。このインパクトは劇的に大きく、投資や営利活動が活発になり、フランス経済は一気に蘇りました。
ナポレオンはこの法典について、以下のように言っています。

Napoleon
ナポレオン

「余の真の栄誉は40回の戦いの勝利ではなく、永久に生きる余の民法典である。」

MUST AFFAIRS
ナポレオン法典

1804年	民法典（Code civil） 第1篇　人、法律上の主体者 第2篇　財産、および所有権 第3篇　所有権取得の種々の方法　一般規定 第4篇　人的担保、物的担保
1806年	民事訴訟法典（Code de procédure civile）
1807年	商法典（Code de commerce）
1808年	治罪法典（Code d'instruction criminelle）
1810年	刑法典（Code pénal）

何が政治の停滞を生むのか?

ナポレオンは、「ナポレオン法典」によって、経済活動の自由や、それによって生み出された財の所有は保障されると規定しました。

つまり、ナポレオンは「富の分配を公正に機能させ、人々の幸福を実現する」という**民主主義の目的を達成することに成功**し、フランス経済を回復させることにより、民衆から圧倒的に支持されました。

民主主義は、万人の「法の前の平等」を前提とします。法の厳格な執行によって、**行政・司法を運営する制度**です。ナポレオン政権はこうした制度の枠組みを構築しました。

その意味において、ナポレオン政治は、目的としても、内実としても民主主義的である、と言えます。

ナポレオン自身、以下のように言っています。

Napoleon
ナポレオン

「余は国民の自由を第一に考えてきた。事実、余の帝政は一種の共和政なのである。」

ナポレオンが、いかに「国民の自由」を尊重したとしても、ナポレオン政権の形式は帝政という独裁体制であったため、ナポレオン政治は共和主義や民主主義とはされません。

ナポレオン以前の、フランス革命によって成立した共和派の政権（ジャコバン政権という）は男子普通選挙を行うなどの共和政治をとり、民主主義の制度形式を敷いていました。しかし、共和派は富裕層の財産没取や粛清を相次いで行い、その政治は実体として無法な恐怖政治と化していきます。

ジャコバン政権は、自らが掲げる政治とは裏腹に、「富の分配を公正に機能させ、人々の幸福を実現する」という民主主義の目的を達成できませんでした。

シュンペーター（Ｃｈａｐｔｅｒ３参照）は著書『資本主義・社会主義・民主主義』で、以下のように言っています。

Schumpeter
シュンペーター

「民主主義の目的を達成するための政治制度は、必ずしも民主的である必要はない。むしろ、民主的でない政治制度の方が人民の幸福に貢献し得たという歴史的実例すら存在する。」

ナポレオン政治はまさに、シュンペーターの言う「歴史的実例」です。

我々が民主主義と呼ぶものは、制度上の手段や形式なのか、それとも、民衆のために達成されるべき目的なのか、一体どちらでしょうか。

通常、民主主義というものは、概念的にも意味論的にも、制度上の手段や形式そのものに強く結び付いています。

そのため、我々が民主主義を論じるとき、その制度上の形式に拘泥（こうでい）して**目的が見えなくなってしまう**ことがよくあります。「名を捨て、実を取る」ならぬ「実を捨て、名を取る」の愚を犯してしまうリスクが常にあります。

これこそ「民主主義の罠」であり、ひとたび嵌まってしまえば、融通の利かない教条主義に陥り、**政治の停滞を生む最大の原因**となってしまいます。

たとえば、国民の幸福や生命を脅かすような悪法があった場合、教条主義者は「悪法も法なり」と言い、悪法に従うことが民主主義を守ることだとして、民主主義の形式性にこだわるでしょう。

悪法を改変したり、廃止したりする手続きが速やかに実行できればよいのですが、日本の憲法のように、「硬性」（改変が容易にできないこと）が保障されている場合、それも簡単ではありません。目的に合わせ、**手段や形式を柔軟に変化させていくことが正しい民主主義**の道なのですが、教条主義者の頑強な主張がいつも立ちはだかり、前に進むことを困難にしています。

MUST WORD

ボナパルティズム

ナポレオン・ボナパルトの政治手法。軍事力を背景にしたクーデタ政権を作り、非常事態の名のもと、強大な行政権力を持ち、独裁政治を行います。政権の基盤の中心はブルジョワ・資本家階級であり、政権を支える資金を拠出しました。ブルジョワ自由主義を推し進める一方で、労働者・大衆にも歓迎されるポピュリズム政治をも巧みに行いました。また、対外戦争により危機を煽ることでブルジョワから大衆までの各階層間の利害対立を隠蔽し、国内の一致団結を図りました。このため、戦争による対外拡張政策が常に取られなければならず、いずれ破綻せざるを得ませんでした。

Chapter 7

「豊かさ」と民主主義
——何が民主主義を成立させるのか

政治的自由だけでは
民衆を満足させられない

15

「下部構造が上部構造を規定する。」

民主主義だから豊かなのか、豊かだから民主主義なのか？

カール・マルクス

民主主義が豊かさを生むのか

日本や欧米諸国のような民主主義国は豊かです。一方、民主主義が根付いていない国のほとんどは豊かではありません（中国や中東諸国などを除いて）。民主主義が普及すれば、私有財産権が保障され、貯蓄が促進され、投資などの金融メカニズムが機能します。富が国民に行き渡ります。一方、独裁国家は民主化を抑圧し、私有財産権を保障せず、国民の富を、強制的に収奪します。

このように、**国家の体制が国家の貧富を決定する主要因であると主張する学説**があり、それらは「制度論」と呼ばれます。

アメリカの政治経済学者のダグラス・ノースやバリー・ワインゲストらが1980年代に「制度論」のモデルを形成し、体制や制度における機能と経済成長の関係を論じました。

この「制度論」を継承し、国家における繁栄と衰退の制度上の共通点を法則化しようとした人がいます。

政治経済学者ダロン・アセモグルとジェイムズ・ロビンソンです。彼らの著書『国家はなぜ衰退するのか――権力・繁栄・貧困の起源』は2012年に発刊され、世界的なベストセラーとなり、2013年に、邦訳刊行されました。

アセモグルらは国家や社会において、持続的な経済成長が可能かどうかは、その制度によって、一元的に決まると主張します。**制度が「包括的（inclusive）」である場合、国家や社会は発展し、「収奪的（extractive）」である場合、発展しません。**

「包括的」な制度とは、議会制民主主義に代表される政治制度と、自由で公正な市場経済に代表される経済制度によって構成されます。民主主義国家は、これに当てはまります。

一方、独裁国家は「収奪的」な制度をとる国家です。「収奪的」な制度においては、**財産権や自由な市場競争が保障されず、人々の意欲を阻害**します。また、独裁的な権力者は、自らの権力基盤を豊かになった人々が脅かすことを恐れ、彼らの富を収奪し、無力化させようとします。

制度が貧富を生むのか、貧富が制度を生むのか

アセモグルらの主張は鮮やかで説得力がある反面、その論理構造が単純過ぎて、社会の複雑な現象を捉え切れていない部分もあります。アセモグルらのいう民主主義的な「包括的」制度が経済的な繁栄を生むというケースは確かに、歴史的に多く存在します。

では、逆の場合はどうでしょうか。経済的な繁栄が民主主義的な「包括的」制度を生む、とは言えないでしょうか。歴史的に、民主化の行程で、こうした経緯

はよく見られます。ヨーロッパの市民革命が代表例です。

近世ヨーロッパにおいて、絶対主義という王政の体制下、植民地経営や貿易に参画し、利益を挙げることができたのは一部の特権貴族や特権商人たちのみで、一般市民に市場は開かれていませんでした。

こうした特権勢力が王権と癒着し、諸々の利権を独占することが常態化する一方で、利権の恩恵に属さない一般民衆は王政の財政難を補填するための重税に苦しみ、抑圧されていました。こうした状況は、アセモグルらのいう「収奪的」な制度に当てはまります。

当時、ヨーロッパでは農業技術が進化し、農業生産の向上により、食料供給が増大しました。これに伴い、18世紀以降、人口が飛躍的に増加しました。これらの人口はヨーロッパの市場経済を充実させて、近代的な資本主義を形成していく基礎となります。

資本主義経済が発展し、富が一般民衆に波及し、ヨーロッパの人々の生活水準は向上します。19世紀、欧米諸国において、経済の急激な拡大が起こりました。

それ以前も、ヨーロッパでは14世紀のルネサンス時代以降、徐々に経済成長をし

MUST AFFAIRS

1人当たりGDP推移

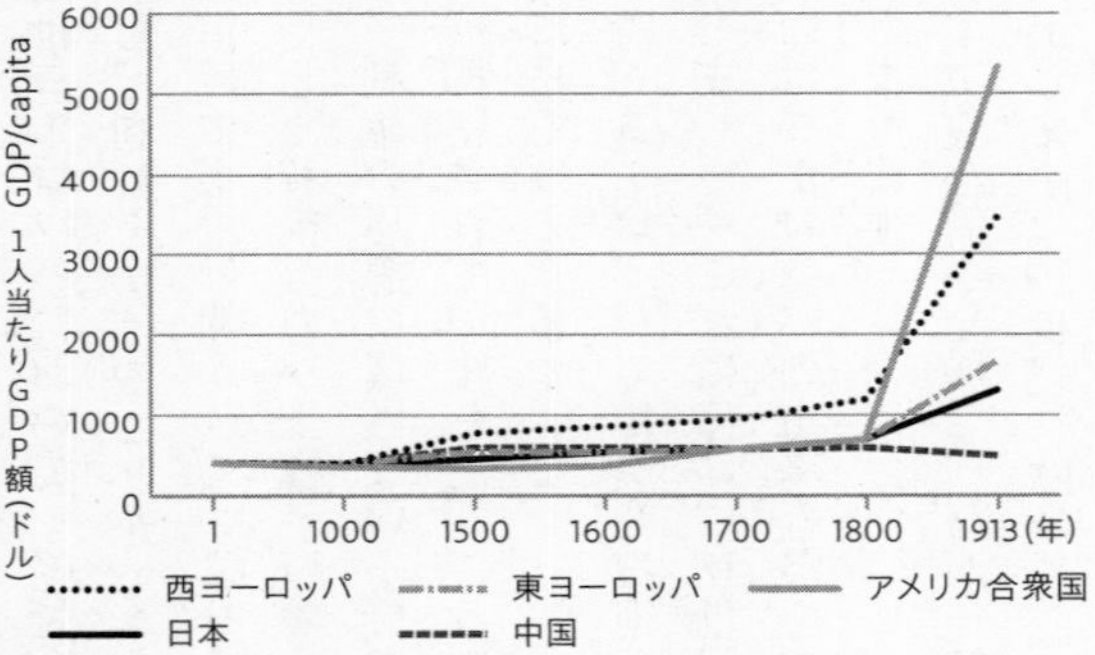

出典：OECD, Angus Maddison 『The World Economy, A Millennial Perspective』

ていましたが、図のように、19世紀初頭以降の経済成長は以前のものとは比較にならず、それまでの時代の社会が経験したことのないような急激な成長でした。

一般民衆は市民階級として、その勢力を広げ、従来の利権構造の解体を求め、市民革命を起こします。

19世紀、ヨーロッパ諸国は市民革命によって、特権階級を葬り、「包括的」な制度を構築していきます。これは、経済的な繁栄が民主主義的な「包括的」制度を生む、というアセモグルらの定式とは逆の例です。

歴史的に民主主義の変遷を検証してみると、**「民主主義が豊かさをもたらす」**

のではなく、「豊かさが民主主義をもたらす」という現実に気が付きます。

「衣食足りて礼節を知る」という言葉がありますが、人間は最低限の生活ができてはじめて、民主主義の基礎である「他人を思いやる配慮」や「分かち合いの精神」が生まれ、人権や自由について考えることができます。**飢饉に陥り、乏しい食糧を巡って争う状況で、民主主義は成立しません。**

衣食住が保障されると、人間は知識欲の充足を求めるようになります。表現の自由や言論の自由が認められ、それとともに、民主主義は広がります。

日本と中国の場合

では、日本の場合はどうでしょうか。日本は「上からの近代化」によって、ヨーロッパ型の近代化モデルをそのまま、取り入れました。

憲法が制定され、議会が整備され、民権運動により、国民の政治参加が進み、「包括的」な民主主義制度が作り上げられていきます。その結果、「包括的」な制度が日本の発展を促進していきます。このように、日本の場合はアセモグルらの定式が当てはまるでしょう。

政治的な制度が経済的な貧富を生むケースもあるし、経済的な貧富が政治的な制度を生むケースもあるのです。

アセモグルらの定式の示すベクトルは状況によって、反対の向きを示すことがあるのです。また、両方のケースが相乗効果のように重なり、1つの結果を生むということもあります。

現在の中国共産党政権は一党独裁で、明らかな「収奪的」な制度をとる政権です。しかし、中国は凄まじい経済発展をしています。

これについて、アセモグルらは、**「収奪的」な独裁政権が、部分的に「包括的」な経済制度を導入したために生じている「一時的な現象」に過ぎない**、と論じています。

アセモグルら自身が中国の例で認めているように、「収奪的」政権が「包括的」制度を組み入れることもあり、1つの政権や国家体制を、「収奪的」か「包括的」かで、いつも一色に塗り潰せるわけではありません。

北朝鮮のように、誰の目からも明らかな「収奪的」な国家は別として、歴史上の国家のほとんどは、「収奪的」か「包括的」かを判別することが困難なグレーゾーンに分布するというのが実態でしょう。

アメリカの政治学者フランシス・フクヤマは、以下のように言っています。

Fukuyama
フクヤマ

「国民一人当たりGDPが
8、000～10、000ドルあたりまで経済発展すれば、
その国は民主化する、という共通点を経験的に指摘できる。」

フクヤマによると、日本円で換算して、**年収１００万円付近が、民主化が可能となる１つの目安**ということになります。

２０１９年に、中国は１人当たりGDPが１万ドルを超え、２０２１年に、中国は１人当たりGDPが１万２５００ドルに達しています。しかし、中国はまったく民主化されていません。これを、いったいどう説明すべきでしょうか。

民主主義は経済成長の条件ではない

民主主義は社会のルールとしての制度であり、経済的な豊かさを直接的に生み出すものではありません。間接的には、民主主義的な意思決定のシステムが、物事を円滑に進めるのに役立ち、経済の成長に寄与することがあるでしょう。

しかし、制度に過ぎない民主主義そのものが経済成長を生むことはできません。逆の言い方をすれば、**民主主義ではない制度や体制を敷く国でも、経済成長を生むことができます。**中国は共産党独裁政権の強みを活かし、国家が主導して、大規模な開発投資を行っています。

民主主義の政治において何年も権益上の擦り合わせをし、ようやく合意に至るような成長戦略構想を、中国は大胆かつ迅速に打ち出し、実行することができます。昨今の中国経済の躍進は、民主主義でない国家においても、高度な経済成長を実現することが可能であることを証明しています。

マルクスは1859年に刊行した『経済学批判』の中で、有名な定式を主張しました。

Marx
マルクス

「下部構造が上部構造を規定する。」

マルクスのいう「下部構造」とは、物資や富の所有・移転などの経済現象を指します。その上に「上部構造」としての政治現象や文化現象などが現れるとしています。

マルクスによると、政治や文化というものは、社会の深層に横たわる物質的経済要因の表層として現れるもので、それらの表層はいかなる場合でも、物質的下層と遊離して単独で存在することはできません。マルクスは、**経済的な要因が根本原因となり、上部構造である政治が動く**と説いたのです。

ある政治家の存在や言動、その時々の政権の特質などは、政治的な現象に過ぎず、それを欲した経済社会の土台があります。

たとえば、人民によって、構成される経済社会が急速な近代化と経済成長を求めるとき、「開発独裁」の政権が生み出されます。経済社会が豊かな成熟社会のバランスある富の分配を求めるとき、「社会民主主義」の政権が生み出されます。

経済社会という「下部構造」が、政治という「上部構造」を規定するのです。マルクスの定式に従えば、民主主義という政治現象は「上部構造」であり、豊かな経済社会の「下部構造」の上に成り立つものです。

つまり、**「豊かさが民主主義をもたらす」のであり、「民主主義が豊かさをもたらす」のではありません。**

発展途上国が、経済成長と豊かさを求めて、民主化を進めたとしても、うまくは行きません。逆に、民主化によって、政治が機能マヒに陥り、経済が更に停滞してしまいます。**「下部構造」がしっかりとしていなければ、民主政治は成り立ちません。**

しかし、中国のように、「豊かさが民主主義をもたらす」ことがないケースもあります。次の節で、中国について掘り下げて考えます。

16

「どんな政治的自由があっても、それだけでは飢えたる民衆を満足させられない。」

ヴラディーミル・レーニン

民主主義国家は中国の覇権主義を抑えることができるのか

米中の対立は歴史的必然

この15年間中国はGDPの拡大と並行して軍事費を急激に拡大させています。その一方、アメリカの対中貿易赤字は増大しています。

中国はアメリカという巨大市場に輸出攻勢をかけ、経済成長を達成してきました。中国は輸出により、多額のドルを獲得し、ドルの準備高をもとに人民元を大量発行し、資金循環を生み、それがさらなる成長を生み出しました。

経済成長を背景に、中国は潤沢な予算を軍事費に回し、覇権を拡大しています。

かつて、トランプ政権で国家通商会議議長を務めたピーター・ナヴァロ氏は「中国の軍事的台頭を抑制するには、通商・金融政策を戦略的に組み合わせて展開しなければならない。」（ナヴァロ著『米中もし戦わば』文藝春秋）と述べ、**米中の経済戦争は安全保障問題に直結している**と主張しました。

２０２０年7月23日、マイク・ポンペオ国務長官はカリフォルニア州のリチャード・ニクソン大統領図書館で、「米中の対立は歴史的必然であり、遅かれ早かれ、アメリカは中国を潰さなければならない」と演説しました。

ポンペオ国務長官は「中国共産党政権はマルクス・レーニン主義政権である。習近平総書記は破綻した全体主義イデオロギーの信奉者である。中国の共産主義に基づく覇権への野望を長年抱き続けている（We have to keep in mind that the CCP regime is a Marxist-Leninist regime. General Secretary Xi Jinping is a true believer in a bankrupt totalitarian ideology.）。」と述べています。中国政府を、全体主義と位置付け、体制批判をしたのです。

１９７２年のニクソン訪中以来、中国が経済的に繁栄すれば、民主主義に転換するという予測のもと、中国に宥和的な「関与政策（engagement policy）」がとられてきました。

ポンペオ国務長官はその結果、中国共産党という「フランケンシュタインを作ってしまった。」と述べました。

ポンペオ国務長官がリチャード・ニクソン大統領図書館という場所を選んだのは、歴史的政策転換を視野に入れていたからでした。

今日、バイデン民主党政権はこのような強硬政策を少し緩和しているものの、中国を敵対視する路線を引き継いでいます。

構造的な困難さ

コロナ禍で世界各国が動きが取れない状況下で、中国は尖閣諸島、南シナ海や東シナ海の領海侵犯をし、２０２０年、香港の事実上の強制統治を固めました。中国政府による香港や新疆ウイグル自治区での人権侵害、知的財産権の盗用、その他、さまざまな国際的な不正が明るみに出ています。

しかし、日本は中国に対して、強硬な姿勢をとりません。２０２０年、アメリカのシンクタンク「戦略国際問題研究所」（ＣＳＩＳ）のレポートで、政府与党内の一部の親中派により、日本政府の対中政策が大きな影響を受けていると報告されています。

政府与党内の親中派は日中友好を望む財界に支えられています。財界は巨大な中国市場を無視することはできません。経営者として利潤を追求しなければならず、**中国をサプライチェーンから外すことなど簡単にはできません。**

企業の現場は政治的正論によっては動かないという構造的な困難さがあります。中国から東南アジアか日本への製造業のシフトを行った企業に、助成金を出すなどの脱中国政策が経産省によって推進されており、実際に複数の企業またはグループが生産ラインの移転費用を補填されていますが、これだけでは到底、間に合わないのも事実です。

どのような経済損失があろうと、長期的で国家的な損失には変えられません。国民一人ひとりの認識にかかっています。

こうした構造的な困難さは日本だけでなく、アメリカも同じです。アメリカ政府も脱中国に向けて、アメリカ産業界への理解の呼びかけをしていますが、なかなか協力が得られないのが現状です。

アメリカ議会における中国と取引のある関連企業の公聴会などでも、中国とのサプライチェーンが切られれば、大損失が発生すると反発する声が上がっています。

企業の生産コストが上昇し、消費者物価が上昇し、対中輸出機会の減少とともに、経済成長が鈍化するだろうと主張されています。

冷戦時代のソ連と根本的に違うのは、中国が世界経済の動向を左右する経済力があるということです。

民主主義の選挙を控えるアメリカの政権政党もまた、中国にどのような対応をすべきか、財界への影響を常に見極めて動いています。

MUST WORD

軍民融合

中国政府が進める民生部門と軍需産業の連携による軍事技術の高度化。アメリカ国防総省は、中国の民間企業が外国企業との連携により、技術を習得し、それを軍事技術に転用していると述べています（「中国の軍事力・安全保障の進展に関する年次報告書」より）。中国は海外の投資や営利目的の合弁事業、企業の吸収・合併や国が支援する産業・技術スパイ、さらには軍民両用技術を違法に転用するための輸出管理の操作を利用して、軍事研究や開発などのための技術や専門知識を増やしているとされます。

中国で民主主義が導入されれば

中国は独裁体制を敷き、恐怖政治を展開しながらも、国内の潜在的な問題や矛盾を抑え込み、コントロールしています。もし、その「重し」がひとたび外れると、権力の空白が生じて、溜まっていた人々の不平不満のエネルギーが噴出し、大混乱となるでしょう。

中国のような国には、自由と民主主義は機能せず、皮肉にも、不用意にそのようなものを導入すれば、**独裁政権よりも酷い状況を生み出し、暴力と無秩序が社会全体を覆う可能性があります。**

２０１０年末、「アラブの春」と呼ばれる民主化運動がチュニジアから始まりました。若い人々がフェイスブックやツイッターで連携し、デモや武力闘争を行い、独裁政権を倒しました。

独裁政権を倒すことはできましたが、その後の体制づくりは、民衆が考える以上に困難でした。

エジプトでは、選挙で選ばれたイスラム系のモルシ大統領が軍のクーデターで排除され、軍部が政権を握りました。イエメンやリビアは、内戦状態が続いています。

これらの国々において、**独裁政権が崩壊した後、強い統治能力を持った政権が現れず、武力衝突や暴動が多発しています。**

２０１４年には、それまで、安定していたイラク情勢が急変しています。中東情勢の混乱と連動する形で、過激派武装勢力「イスラム国（ＩＳ）」が暗躍し、イラクと隣国のシリアが危機的な状況に陥っています。

イラクの混乱は、フセイン独裁政権の時代には見えなかったようなイスラム教の宗派の対立、民族の対立などの構図を浮き彫りにしています。

中国にも、多様な民族があり、地域の利権が複雑に絡み合い、歴史的に、民衆が反目と抗争を繰り返している地域が多くあります。**いがみ合う民衆を鎮まらせ、社会の秩序を維持するために、強圧的な独裁政権が必要**だったのです。

中国では、たとえ人々が独裁から解放され、自由を得たとしても、人々の生活が成り立たないのです。ロシア革命の指導者レーニンは以下のように言っていま す。

Lenin
レーニン

「どんな政治的自由があっても、
それだけでは飢えたる民衆を満足させられない。」

このレーニンの言葉ほど、現在の中国に当てはまる言葉は他にありません。中国のように、巨大な貧富の差がある国で、多くの人々は貧困に苦しんでいますが、**独裁政権が富裕者から富を収奪し、何とか貧民にも、最低限の生活を保障し**ています。

民主的な政権では、このような富の再分配は不可能です。

中国GDPの虚構

2020年5月28日の全人代の記者会見で、李克強首相（当時）は「中国では6億人の月収が1000元（約1万5000円、1元＝約15円）前後だ」と述べました。つまり、1日あたり500円稼いで、その日暮らしを送っている人が6億人いるというのです。

中国の国家統計局の発表によると、中国のGDPは約1500兆円とされています。6億人の月収が約1万5000円、年収にすると約18万円しかない状況で、いったいどうすれば、GDP約1500兆円が達成されるというのでしょうか。中国当局の公表する数字は信用できません。

確かに、中国では、中産階級が育ち、以前は貧しく食えなかった大多数の人々が食えるようになっています。

しかし、それが大きな不安定要因になる可能性があります。歴史的に、中国だけでなく、どこの地域でも、**体制や国家を崩壊させるのは食えない民衆ではな**

く、**食える民衆です。**食える民衆が更に豊かさを求めて、不満を爆発させて、それらを崩壊させるということが繰り返されました。

腹が満たされた民衆の政治行動は組織的で統制が利いており、また武力ではなく、合理的な論理や思想で国家の矛盾を暴き、旧体制を葬っていきます。本当の国家の危機は食えなかった民衆が食えるようになったときに訪れると言えるのです。

現在の中国において、中産階級が育てば育つほど、確実に彼らの不満のエネルギーは質量ともに高まっていきます。

富裕層からの富の収奪

それが、爆発するのは近い将来かもしれません。そのため、習近平国家主席は2021年8月17日の中国共産党中央財経委員会で、「共同富裕実現」のスローガンを打ち出しました。**「高収入は合理的に調整し、高所得層と企業は社会に報いるべき」として、富裕層、大企業に圧力**をかけています。

これに、応じた中国IT企業の大手テンセントは500億元（8500億円、1元=約17円）を拠出して「共同富裕専門プロジェクト」を立ち上げ、中・低所得者への支援を約束しました。因みに、テンセントの時価総額は約75兆円で、トヨタの約20兆円という規模と比較しても、とてつもない巨大企業であることがわかります。

また、中国では、未だに相続税、不動産資産に課税する固定資産税が整備されておらず、「共同富裕実現」において、近く法制化される可能性があります。

これらの税金を導入すると、不動産価格に大きな影響を与え、不動産資産を持つ中産階級から猛反発を買うため、格差是正には最も効果的であっても、これまでなかなか導入できませんでした。

7世紀、隋・唐王朝は均田制により、文字通り、民衆に田を均しく、分け与えました。特権階級を打破して、人民を均一化し、皇帝が一元支配するという狙いがありましたが、これは結局、うまくいかず、**収奪された富裕層や中産階級が反発し、動乱へと繋がりました。**

今日、中国は膨大な政府債務や企業債務を抱えています。これらを補塡するためには、富裕層の富だけでは賄い切れず、必ず中産階級にも負担がまわってきます。そのとき、中国共産党の支配体制がどうなるか、予断を許しません。

中国はこうした国内の様々な不満をそらすために、台湾侵攻を行うであろうことも想定しておかねばなりません。

MUST WORD

共同富裕実現

習近平国家主席が2021年の中国共産党中央財経委員会第10回会議で打ち出したスローガン。その実現のために、以下の3つの段階が実行されます。

一次分配：市場活動による分配

二次分配：税制、社会保障による分配

三次分配：寄付、慈善事業による分配

つまり、これらは、富裕層から、富を収奪するということに他なりません。

Chapter 8

「格差」と民主主義

――民主主義を追求すれば、社会主義になる!?

どんな恣意的な圧力からも
個人が自由で
なければならない

民主主義は、
金持ちだけのためにある

17

「社会主義は民主主義を必要とする。人間の身体が酸素を必要とするように。」

みんなが平等な社会主義こそが、最も民主主義的なのか？

レオン・トロツキー

社会主義は民主主義の最終形態？

ソ連の社会主義革命の指導者レーニンの盟友レオン・トロツキーは民主主義について、以下のように述べています。

Trotsky
トロツキー

「社会主義は民主主義を必要とする。人間の身体が酸素を必要とするように。」

MUST AFFAIRS

社会体制のマトリックス

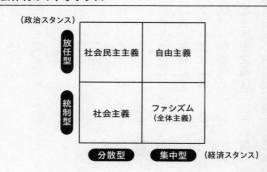

(政治スタンス) ＼ (経済スタンス)	分散型	集中型
放任型	社会民主主義	自由主義
統制型	社会主義	ファシズム（全体主義）

労働者が政権を直接担い、ブルジョワ富裕層だけが富を独占する社会を打破し、全ての人々に平等に富を分配すること、これが社会主義の目指すところです。

トロツキーをはじめ当時の社会主義者たちは、民主主義は最終的に社会主義に行き着く、と主張していました。

彼らにとって、**社会主義は民主主義の究極的な姿**であったのです。彼らの基準によると、欧米や日本などの資本主義国は、労働者ら一般民衆を虐げる社会であり、不完全な民主主義国ということになります。

確かに日本のような資本主義国では、資本家経営者と労働者の格差が拡大しています。昨今のブラック企業の問題にも見られるように、労働者は不当に搾取され、民主主義の権利が軽視されている実態があります。

民主主義とはいったい、どのような社会体制において最も実現可能なのでしょうか。

前のページの表をご覧ください。４つの社会体制の類型を政治と経済のスタンスによって区分しています。

政治的に強い統制力を発揮し、富を一般民衆にまで分散させようとする体制がマトリックス左下の**社会主義**です。

これとは逆に、政治的な統制を排除し、富の偏りを認めるのがマトリックス右上の**自由主義**です。

ファシズム（全体主義）は、政権が巨大企業と癒着し、極端な資本の集中を認めながらも社会を政治的に統制していく制度です。

社会民主主義は、政治の統制を緩めますが、富の偏りを許さず、富が民衆に行き渡るよう再分配を優先する制度です。

MUST WORD

社会主義と共産主義の違い

両者の区別は明確にはありません。社会主義は生産財だけを共有するのに対し、共産主義は全ての財を共有するという説明がされます。また、社会主義には政府があるのに対し、共産主義は無政府状態であるという説明がなされますが、根拠はありません。両者は基本的に同じものです。

所有権という民主主義の大前提

以上のような社会体制を推進してきた勢力は、自分たちこそが民主主義的であることを主張します。

しかし、社会主義には決定的に民主主義ではない要素があります。それは、**社会主義が所有権を認めない**ことです。

ソ連などの社会主義において、土地や工場などの生産財は全て国有でした。政府が生産財を一括して管理します。計画経済によって生産を行い、生産成果を国民で等しく分けます。

19世紀以降、マルクスをはじめとする社会主義者たちは、資本を持つ資本家経営者と、労働力しか持たない労働者の間に二分化が生じ、その格差が大きくなっていることを批判しました。

資本家は、利己的に労働者を搾取し、労働者は永久に貧窮から脱け出すことができません。マルクスら社会主義者は、労働者に隷属を強いる資本主義の非人間的なシステムを打破するため、**私的財産（所有権）の廃止**を主張しました。所有権を国家に属するものとし、経済活動を中央政府の管理下に置き、労働者を救済しようとしました。

「プロレタリアはこの革命において鉄鎖のほかに、失う何ものを持たない。彼らが獲得するものは世界である。万国の労働者よ、団結せよ！」

（『共産党宣言』末文　１８４８年）

１９１７年、ロシアで労働者革命が起き、レーニンやトロツキーの指導で、ソヴィエト連邦が誕生しました。所有権は、所得や財産の差を生み出します。ソ連は所有権をなくし、その差を解消したことで労働者の隷属も解消しました。

しかし、所有権をなくすことは**新たな隷属を生みます**。所有権は個人の経済的な自立を保障するものです。自分自身の所得や財産で自立し、何にも依存しないことが独立した個人です。そのような**独立した個人の主権の上に成立するのが民主主義**です。

したがって、民主主義は所有権なきところには成立し得ないものであるというわけです。社会主義において、政府によって富の分配を一方的に決められる労働者が、自立的に政府に関わり、政府に対し自由にモノを言うことはできません。

Must Person
カール・マルクス

今日までのあらゆる社会の歴史は、階級闘争の歴史である。

19世紀に活躍したユダヤ系ドイツ人の社会主義思想家。マルクスは不均衡で歪んだ資本主義社会を労働者革命という武力を伴った方法で打倒し、均衡ある社会主義を建設することが未来の必然である、としました。主著は『資本論』『共産党宣言』。

民主主義が格差を生むという矛盾

民主主義は富や権力を分かち合う制度です。社会主義は富を分かち合うシステムであるかもしれませんが、権力の分かち合いがなされません。政府の要人や官僚たちだけが権力を行使し、一方的に社会を管理統制するシステムであるからです。

自由主義において、権力は分散され、国民の一人ひとりにまで行き渡り、国民は主権を持ちます。主権が国民にあるということが民主主義の1つの前提条件であり、自由主義はこれを満たしています。

しかし自由主義は、マルクスが19世紀に批判したような資本家経営者と労働者の格差の問題を、**未だ充分に解決しているとは言えません**。現在、19世紀のような露骨な隷従を強いるということが減ったというだけのことです。

自由主義が所有権を認め、独立した個人を作り出そうとする過程では、民主主義の前提条件は満たされます。

しかし、所有権を認めることは格差を認めることにもなり、**経済力の強い者が経済力の弱い者を隷従させる**という「支配——被支配」を生み、民主主義の理念に逆行することが起こってしまいます。

所有権の是認は、民主主義にとって**矛盾した2つのベクトルを内包**したものであり、そのコントロールを誤ると民主主義は形骸化してしまいます。実際に、そのような形骸化がこの21世紀において、すでに起こっているのではないかとさえ思われます。

民主主義を理解していなかったトロツキー

民主主義の進展の歴史は、突き詰めていけば**所有権（財産権）を求める戦い**であったと言えます。

封建領主、王、特権貴族たちが専横的に人民を搾取し、財産を奪い取ることに対する戦いと抵抗が市民革命でした。

ナポレオンが、フランス革命期において国民に圧倒的に支持されたのは、『ナポレオン法典』により所有権を至上の価値と認めたからです。15年にわたるフランス革命とその後の大混乱が、所有権の是認でピタリと収まったのです。

近代において、産業革命などで国家が経済的に大きく成長するとき、国民は富を手に入れます。そして、政府が国民の富の所有を認める限り、国民は政府を支持します。

ここで、国民と政府の一種の癒着的な関係が生まれます。この関係の中で、所有権から派生する人権上の様々な権利が導き出されていきます。

たとえば、自由や平等という人権の理念は、財産をどのように所有しても自由であり、身分の差なく、財産の所有が全ての人に平等に可能であるということを意味します。

所有とは、その財の使用、処分、交換などを独占、占有する権利です。使用、処分は自由にできてはじめて、その行為が完成します。貨幣などとの交換は、平等・対等に各人によってなされてはじめて、その行為が完成します。自由や平等は所有権を完全なものにするための補完要因として生み出され、また、そのようなものとしてだけ機能するものです。

自由や平等というものは精神的な価値として認められていくというよりはむしろ、歴史的に見て、即物的な経済価値を実現するために広まっていったと考えるべきです。

民主主義は、歴史的に、**所有権の是認を中核として制度構築**されてきました。トロツキーが「社会主義は民主主義を必要とする。」と言ったのは、彼が民主主義というものの本質を理解していなかったからです。

トロツキーは極めて賢明な人物でした。しかし、所有権を否定する社会主義は民主主義を必要とするはずがないのです。

Must Person
レオン・トロツキー

私は、社会主義革命を全世界に広げることを目指した。

ロシアの社会主義革命家。レーニンと共にロシア革命を指導。ソヴィエト新政権の軍事人民委員（国防相）となり、ソヴィエト赤軍を率いて、諸外国の武力介入を撃退しました。レーニンの死後、スターリンと対立し、国外追放され、亡命地メキシコで暗殺されました。

18

民主主義は、どのように市場に関わっているのか？

「どんな恣意的な圧力からもあらゆる個人が自由でなければならない。」

フリードリヒ・フォン・ハイエク

全ての権利は所有権に通ずる

15世紀のヨーロッパは、航海技術、造船技術が飛躍的に高まり、大航海時代を迎えます。ヨーロッパ人は未知の大西洋へと飛び出し、グローバル市場を形成していきます。

そして、新たに発見した新大陸から大量の銀がヨーロッパにもたらされ、銀による貨幣経済が著しく発展します。

貨幣は、財の交換のための媒体です。交換は、所有権の移転を意味します。そのため、貨幣経済の発達に伴い、**所有権を認める動きが起こります**。

16世紀まで、ヨーロッパは農奴と呼ばれる人々が労働を担っていた奴隷社会でした。人口の大半を占めていた農奴に人権はなく、彼らは封建領主の所有物に過ぎませんでした。農奴は広大な領主の土地を耕作し、わずかな収穫を譲り分けられ生活の糧としていました。

貨幣経済はこのような農奴社会を大きく変えました。農奴は譲り分けられた収穫物を売って、貨幣を手に入れます。また、今でいうアルバイトなどをして、日銭を手に入れることもありました。農奴は貨幣を貯(たくわ)えはじめたのです。

農奴の貯金は彼らの所有物となり、自然と所有権というものへの自覚が拡大していきます。農奴は次第に、領主に所有権を認めさせるようになります。所有権を有した農奴は人権を持ちはじめ、**奴隷的な身分から解放**されていきます。

人権というものの歴史的な起源がここにあります。貨幣経済の広がりが、農奴に所有権を与えました。

そして、所有権は**農奴の自立・独立を可能**にしたのです。

所有権を有する者には、それを保障するための人権が伴います。逆に、所有権を有しない者は、所有物を強奪されても、騙し取られたとしても、何の補償もなく、人権もないわけです。

全ての民主国家は市場経済に通ずる

人々は所有権を背景にひとたび独立すると、社会の従属者から社会の形成者へと変貌（へんぼう）していきます。

所有権を有する人々は、貨幣を通じて財や富を自由に交換し合います。そのような交換の場としてマーケットが整備され、市場経済が発達していきます。

市場経済では、所有権を有し、独立した人々が自らの選好でモノを売り買いします。

美味しいものを食べたい人、キレイな服を着たい人、便利な道具を求める人など、様々な選好を持った人がマーケットで自由に売買します。自分の一定の資金が最大限に活かされるように、市場参加者は資金を資源・物資と交換します。

みんなの選好が最も満たされるように、市場は常に時宜に応じて編成されていきます。売れないものは排除され、売れるものだけがマーケットに取り入れられます。このような市場の働きを経済学では、「資源の最適分配」と表現します。

市場経済は**自由であることが前提**です。自由に売買できるマーケットが、**みんなの選好を満たす最適化されたマーケット**であり、強制があってはなりません。

近代以降、自由なマーケットを守ることが国家の役割として認識されるようになります。自由な人々による自由な経済。そして、その上に成り立つ国家は、所有権をはじめとする**諸権利を認める民主主義国家**となります。市場は特権的に優遇する一部の人間を作ることを許さず、多様な個人の間での共存を可能にする秩序です。この市場の秩序は政治の領域にも必然的に適用され、民主主義を形成していくことになります。

さらに、市場経済において、事業に成功し大きな利益を得る者が現れます。利益は、更なる事業拡大のための資金に回されます。この資金が資本と呼ばれるものであり、事業拡大に伴い資本は増殖し続けます。こうして、資本主義が市場経済から生まれ、発展していきます。

市場経済は**自由主義、民主主義、資本主義を生みました**。三者は市場経済という同一の母から生まれた兄弟なのです。互いに切り離すことのできない不可分の同一性を持ち、助け合い、支え合いながら機能するものなのです。

自立した個人を必要とする民主主義

市場経済は、自由な人々が彼らの選好を自由に満たすことのできる交換の場です。そして、民主主義という政治的な存在が**自由を保障し、守ります**。

市場経済は、資源を最も効率的に届けることができるシステムです（「資源の最適配分」）。食糧、衣服、道具、更には情報、サービスなどが、それらを最も欲している人の所に届きます。欲している人の需要と、財の提供者の供給が一致する均衡点で市場価格が導き出されます。

一方、社会主義は、前節でも解説した通り所有権を認めません。そのため、所有権を移転させることを目的とするマーケットが成立しません。マーケットが存在しない状況で、どのように需要と供給を一致させ、「資源の最適分配」を達成させるのでしょうか。

20世紀に活躍した自由主義の経済学者ハイエクは、社会主義の政府がいかに優秀であったとしても、**全ての人々のニーズに合った資源配分を達成することは不可能**であることを主張しました。

たとえば、寒がりの人は暑がりの人よりも厚着をせねばならないので、衣服の需要は大きくなります。一部の寒がりの人の需要に応じて、社会主義政府が衣服を多めに配給できるでしょうか。誰が寒がりで、誰が暑がりという情報を何千万という人口を抱え、政府がどうやって把握することができるでしょうか。どのくらい寒がりで、何枚衣服が欲しいのか。このような情報は各個人自身が最もよく把握しています。的確な情報を持つ本人に全ての権限を与え、**市場で自由に行動させるのが自由主義**です。社会主義には、そのような自由がありません。

ハイエクは社会主義について、以下のように言っています。

Hayek
ハイエク

「社会主義は、政府が個人の情報を全て、的確に把握し得るという傲慢の上に成り立っている。」

需要と供給の均衡点を正確に政府が割り出すことができない限り、社会主義が統制する計画経済は恣意的なものに過ぎない、とハイエクは説きます。

社会に広く分散している情報や知識が最も効率よく活用されるのは、それらを保有している個人一人ひとりが自らの目的を実現するために、誰からも強制されることなく自由に使うときです。

限りある資源を最適に分配しようとする社会の秩序は、自立した個人の存在をどこまでも追い求め続けます。

そして、**自立した個人の存在を可能にさせる政治的制度こそが民主主義**であり、民主主義はそのことを最大の目的とする制度です。

ハイエクは著書『隷属への道』で、自由について、以下のように表現しています。

「かつて、政治的自由を主張した偉大な先人たちにとっては、自由という言葉は圧政からの自由、つまり、どんな恣意的な圧力からもあらゆる個人が自由でなければならないことを意味していたのであり、従属を強いられている権力者たちの命令に従うことしか許されない束縛から、すべての個人を解き放つことを意味していた。」

Must Person

フリードリヒ・フォン・ハイエク

個人の自由こそが社会秩序の原理。民主主義はそれを守る手段である。

オーストリア・ウィーン生まれの経済学者。不況時に、政府が財政出動させて経済を支えるべきとしたケインズに反対し、市場の自由を尊重すべきと主張し、激しく論争したことで知られます。哲学、法学、政治学でも自由主義思想の考察を深めました。主著は『資本の純粋理論』（1941年）、『隷属への道』（1944年）、『自由の体質とその原理』（1960年）、『法と立法と自由』（1982年）など。

19 「資本主義社会における民主主義は、常に少数者、有産階級、金持ちだけのためにある。」

ヴラディーミル・レーニン

民主主義は、格差を是正できるのか？

民主主義国家にも自由は存在しない？

独裁国家や社会主義国家は、国家を直接経営する社団によって人々を強制的に労働に従事させます。

たとえば、中国ではかつて、人民公社という組織がありました。人民公社は1958年、毛沢東により組織化された公的な社団です。農業をはじめとするあらゆる産業において、地方行政機関と一体化し生産活動を統轄しました。人民公社は民衆を強制労働に従事させました。

一方、民主主義は、個人の自由や人権を保障する制度であるため、国家は犯罪者でない限り、個人を拘束したり強制労働をさせたりはできません。

しかし、民主主義において、国家が管理主義的なシステムを人々に強制しないからと言って、民主主義の社会から管理や拘束がなくなったわけではありません。

人々の自由を奪う管理や拘束は誰かがそれを担わなければ、社会の生産活動を維持することができません。

独裁国家や社会主義国家の生産活動において、国家が公的な社団を通して人々を管理していた役割を、民主主義国家は私的な会社に丸投げします。

会社や組織、顧客の要望などに我々は多かれ少なかれ拘束され、管理されています。拘束や管理を耐えなければ、稼ぎを得ることはできません。

民主主義国家は、生産活動における管理の負担を放棄し、**民間部門に押し付けた**とも言えます。負担を放棄したに過ぎない国家や政府が、人々に自由や人権を保障していると喧伝(けんでん)しているのです。

Must Person
毛沢東

人民公社で管理を徹底。従わない人民を見せしめに処刑せよ！

中国の共産党指導者。1921年、中国共産党創立に参加。抗日戦の勝利後、蔣介石率いる国民党軍と戦い勝利し、1949年、中華人民共和国を建国します。人民公社に主導させた計画経済は国民の反発を買い、失敗しました。

19世紀から続くブラック企業

日本のような民主主義国に生きる我々が、自分自身のことを圧政の桎梏から解放された自由人だと考えるならば、それはおめでたい話です。

今の世の中には、ブラック企業が溢れています。労働者をタダ同然の給与で酷使し、時間外労働を強制しています。労働者が抗議すれば、即刻、解雇されてしまい、路頭に迷わなければなりません。

また、正規労働者の管理職の多くは週60時間の労働を強いられています。彼らに自由や人権など、事実上ないに等しい状態といえます。わずかなカネと引き換えに自由を奪われ、人生そのものを会社に差し出します。

しかし、民主主義国家は、このような私的企業の超過労働を是正しようとしません。自由主義経済を基本理念とする民主主義において、**国家が民間部門に介入することは容易ではありません。**

市場経済の自主独立を守る考え方は、既に18世紀のイギリスではじまっていました。当時のイギリスの思想家エドマンド・バークは以下のように述べています。

Burke
バーク

「政府が市場に姿を現したとたん、市場の原理は損なわれる。」

18世紀後半から19世紀前半のイギリスで産業革命が進展する中、企業社会が定着していきます。経営者は安く、労働者を使うことによって利潤を最大化しようとします。この時代のイギリスで、労働者は一日に14～15時間に及ぶ労働を強いられていました。機械化が進んで単純労働が増えていたため、安い賃金で雇える女性や子どもが過酷な労働環境に晒（さら）されていました。

この時代のイギリスは独裁王政ではありません。世界に先駆けて、議会制民主主義を取り入れていた最も先進的な国でした。そのイギリスで、民衆を労働搾取することが公然と行われていたのです。

しかし、政府など政治権力が私企業に介入することはしませんでした。「政府が市場に姿を現したとたん、市場の原理は損なわれる」という考え方が優先していたのです。

19世紀のヨーロッパでは、労働者が資本家経営者に対し、頻繁に暴動を起こしました。資本家経営者は、労働者酷使が持続可能なものでないことを知ると、酷使の度合いを緩めていきます。しかし、暴動が起きる一歩手前のギリギリのところで労働者を酷使し、搾取するという基本スタンスを変えることはありません。

そのような酷使のマネジメントは、**国家よりも資本家経営者の方が優れています。**

レーニンは民主主義社会の非情なる労働者酷使を以下のように批判しています。

Lenin
レーニン

「資本主義社会における民主主義は、絶えず資本主義的搾取の
狭い枠内で締め付けられている。それは、事実上、
常に少数者、有産階級、金持ちだけのためにある。」

民主主義はカネと引き換えに自由を奪う

民主主義によって国家の支配から解放された民衆は、新たに民間企業によって支配されます。独裁国家や社会主義国家が国家の名において使役した労働者を、私企業が囲い込んでいきます。結局、民主主義においても**本当の意味での個人の自由は達成されません**。

民主主義国家では、人権が認められています。そのため、奴隷は存在しません。資本家経営者は人的な労働力を所有することはできません。労働力を商品として売り買いできないため、労働者と労働契約を結びます。

民主主義では「契約の自由」が保障されているので、契約をしない選択をとることができます。しかし、多くの一般人は、超過労働を強いられることはわかっていながら、わずかな日々の糧を得るために契約をせざるを得ません。「契約の自由」などというのは空疎な抽象理念に過ぎません。

資本家経営者は、契約によって労働者を事実上支配することが可能となります。労働者の人権や人格を破壊するギリギリの手前まで追い込み、搾取した資本家経営者は利潤を最大化でき、さらに事業を拡大させることができます。

こうした労働支配は、19世紀から今日まで変わることなく続いています。資本を有する者はそれを有しない者を必然的に従属させて、利益を収奪します。

マルクスは、このような「支配―被支配」の関係を、『資本論』で以下のように言い表しています。

Marx
マルクス

「ローマの奴隷は鎖によって、賃労働者は見えない糸によって、その所有者につながれている。賃労働者の独立という外観は、個々の雇い主が絶えず替わることによって、また契約という〝法的擬制〟によって維持される。」

民主主義において、労働支配は国家ではなく私企業が担います。そのため、労働支配の実態が私企業の中での個別現象に分解されてしまい、その全体像が見えてきません。そこに、労働搾取というものが必然的に入り込むにもかかわらず、民主主義が掲げる自由経済の原則によって**搾取は黙認**されていきます。そして、国家の為政者や政治エリートは企業献金などの手段によって、資本家経営者と搾取の果実を分け合います。

自由主義者ハイエクは、こうした自由主義の名を借りた管理・支配の実態を憂(うれ)い、以下のように言っています。

Hayek
ハイエク

「（今日の）自由主義は事実上、資本家の利益を無産者大衆から守るための、単なる階級イデオロギーと化している。」

民主主義における格差の拡大

民衆を生産活動において、管理・支配する民間企業部門は、国家と民衆との間のバッファー・エリア（緩衝領域）としての役割を果たし、民衆への搾取の実態を隠蔽します。

国家は人々に人権や自由を与えていると嘯き、常にバッファー・エリアの背後の安全地帯にあり、人々の不平不満を民間部門に向け、知らぬ顔で通します。民主主義における隠された搾取のメカニズムは、ハッキリと形として見えないものであり、ウイルス感染のように我々の感覚を麻痺させていくのです。

ただし、我々が資本家経営者の管理・支配を根絶するために、100年前にレーニンたちが主導した社会主義を望むかと言われれば、決してそうではありません。それは更なる管理・支配の強化に繋がることを我々は知っているからです。

結局、民主主義という枠組みの中で、管理・支配の程度をいかに減じていくことができるかを地道に模索する以外に方法はありません。

まずは、雇用者、被雇用者を問わず、生産に携わる当事者の一人ひとりが協議を重ね、合意を見出すことが基本です。しかし、それには自ずと限界があります。そのとき、政府などの政治権力の役割が期待されます。

民主主義国における政府は、第一義的に**人々の自由や権利を守るために存在します**。ブラック企業やそれに準ずるような企業が、労働者を超過労働に追いやっている現実がありながら見て見ぬふりをするならば、公権力としての本来の役割を果たしていないことになります。政治権力は、市場原理が損なわれることのないよう、慎重に、そして自制的に、超過労働を是正できるよう法整備をすることができます。そして、法が実効的に機能するように監視することも可能です。

市場に介入して損なわれる原理の度合いと、市場に介入して守られる個人の自由と人権の度合いを斟酌（しんしゃく）しながら、より大きな社会的な利益のために公権力を行使することは、**民主主義政府だからこそ可能**です。

昨今のように、政府が賃金のベースアップを露骨に要請するようなことは論外としても、政府が労働者の地位向上に努めることは必要です。

超過労働によって、労働者の立場を貶め、管理・支配を強いることは、民主主義の精神から大きく逸脱したものとして、厳しく指弾されねばなりません。

そして、搾取する側と、搾取される側との格差が異常なほどに拡大し、その不平等がもはや、社会的に容認できないところにまで来ていることが、**今日の民主主義の危機**なのです。

Chapter 9

「官僚」と民主主義
――統治するのは誰か

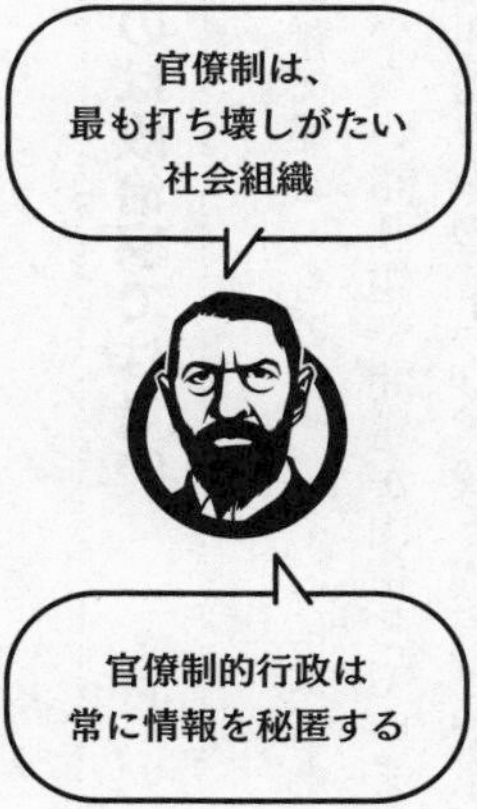

官僚制は、
最も打ち壊しがたい
社会組織
官僚制的行政は
常に情報を秘匿する

20 「官僚制は、ひとたび完全に実現されると、最も打ち壊しがたい社会組織の一つになる。」

マックス・ウェーバー

官僚はなぜ、強大なのか？

国を動かしているのは政治家ではない

政治というものは複雑で難しいものです。そこには、あらゆる領域にわたる膨大な細目事項、専門性の高い諸課題や問題が山積しています。政治の各分野における実務はきわめて専門的なものであり、我々、一般民衆がそれらを理解することは困難です。

では、政治家はそれらを理解しているのでしょうか。政治家は、大雑把なことを理解しているかも知れませんが、充分に、詳細について理解しているかというと、そうではありません。政治家は通常、人との付き合いや選挙に忙しく、政治の実務処理についての高度な技能や知識を身に付ける暇がありません。

政治実務を理解し、それを担っているのは官僚、つまり役人たちです。官僚は専門領域に特化した実務を集中的に担当し、知識や技術を蓄えていきます。そして、彼らは専門的な知見から**行政方針を決定し、国家を動かしていきます。**

ドイツの社会学者マックス・ウェーバーは、官僚と政治家について、以下のように言っています。

Weber
ウェーバー

「政治家は、行政運営にあたる官僚に比べると、常に、専門家に対する素人の状態にある。」

実際のところ、国の予算案を決めるのは政治家ではなく官僚です。国会で、予算委員会というものがありますが、この委員会で国会議員が予算の具体的な中身を決めているわけではありません。中身を決めるのは財務省の官僚の仕事で、国会はそれを審議し、承認するかどうかを決めるだけです。

しかし、国会中継を見ればわかる通り、国会議員は予算審議とは直接関係のない政争に明け暮れて、ろくに予算案の審議もしていないのが実態です。

日本において、複雑で高度な政治実務を取り仕切り、日々の政治を動かしているのは政治家ではなく官僚です。

ウェーバーは、政治実務を官僚が処理することについて、その合目的性の観点から、「最も理想的」と表現しています。官僚は合理的な特質と冷静な分析力を持ち、職務を専業的に行います。

Weber
ウェーバー

「(官僚は)怒りもなく興奮もなく、憎しみも情熱もなく、
従って、愛も熱狂もなく、
全くの義務観念の圧力の下で、その職務を司る。」

官僚が合目的性に透徹するために、余計な人間感情を拭(ぬぐ)い去ることを、ウェーバーは高く評価し、政治の合理化にとって、欠かせない存在であることを主張しています。

Must Person
マックス・ウェーバー

官僚制は支配行使の形式において、最も合理的な形態である。

19世紀末から20世紀初頭に活躍したドイツの社会学者。ヨーロッパの近代合理主義がどのように形成されたかを、政治・経済、宗教から論じ、追究しました。フライブルク大学の教授となりましたが、1903年、神経症で辞職し、執筆に専念。主著は、宗教生活と経済の関係を論じた『プロテスタンティズムの倫理と資本主義の精神』、政治論の『職業としての政治』。官僚制をはじめ、広範な政治・社会を論じた論文集『経済と社会』は、ウェーバーの研究の集大成です。

選挙よりも試験で選ばれた方がエライ

官僚は選挙で選ばれるわけではなく、試験で選ばれます。高度で専門的な政治・行政を担うには、頭脳の明晰さが問われます。頭脳が明晰でない人が選挙に通って政治家になることはできますが、試験に通って官僚になることはできません。

日本では、頭脳の明晰さを保障されている官僚が政治家よりも尊敬を集め、信頼されるということがよくあります。「役人の話ならば信用するが、政治家の話は信用できない」といった具合です。

政治というのは、強圧的な権力支配です。これを人々が受け入れ、服従するためには、**正当と認められる何らかの差異性が必要**となります。

差異性というのは、ある人間が一般人とは違うことを証明するような優位的要素のことです。

権力の行使者が、自分と同列の友達のような者であるならば、人々は権力に服従しません。権力の行使者に対し、人々が自分とは違うという差異性を認めてはじめて、人々は服従します。

差異性は、古くは、血筋・血統であったり、また、それに基づく階級であったり、戦争の勝利であったり、近代以降は、選挙での支持獲得であったりします。試験で頭脳の明晰さを証明されることも、また、そのような差異性の一つであり、正当な根拠として人々に受け入れられるのです。

ウェーバーは、優秀な官僚が政治の実務を担い、それを動かしていくことが**近**

代の組織化された社会の必然であると言っています。

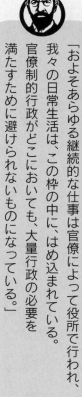

「およそあらゆる継続的な仕事は官僚によって役所で行われ、我々の日常生活は、この枠の中に、はめ込まれている。官僚制的行政がどこにおいても、大量行政の必要を満たすために避けられないものになっている。」

今日の日本も同様に、ウェーバーの言う「官僚制的行政」が行き渡っています。選挙で選ばれた政治家よりも、試験で選ばれた官僚が信頼を集め、政治・行政を実質的に主導しています。

このような日本の現状を見たとき、日本は「国民主権」ではなく、「官僚主権」の国ではないのか、民主主義の根幹が崩れているのではないのか、という素朴な疑問がわき起こります。

日本国憲法第十五条一項に、

「公務員を選定し、及びこれを罷免することは、国民固有の権利である。」

と規定されています。

これは、官僚をはじめ、政治家など、あらゆる公務員の選定罷免権が**終局的に主権者たる国民にあることを表明**するものです。

国民は、選挙によって政治家を選びます。国においては、総理大臣が国務大臣（閣僚）を選び、その閣僚が各役所の人事を所轄します。地方自治体においては、選挙で選ばれた知事や市長などの首長が当該自治体の役所の人事を所轄します。

国民が直接に、官僚を選定罷免することはなくても、国民が選挙で選んだ政治家が任免を行うことで、主権者たる国民の意思が反映されます。

こうした意味で、国民は官僚をコントロールできると捉えられ、いかに官僚が強大な権限を有しているとしても「国民主権」は揺るがない、とされます。

しかし、それにしても、こうした国民のコントロールは迂遠なもので、**実効性があるのかどうか疑わしい**と言わざるを得ません。

ヨーロッパの官僚機構

現代の日本は、他の先進国と比べても**官僚制依存が強い**と言われています。そのルーツを探るために、官僚制の歴史を見ていきましょう。

16〜17世紀ヨーロッパでは、貨幣経済の発展とともに、ブルジョワ市民階級が台頭します。一方、地方に割拠していた封建領主（日本の「大名」のような存在）が没落していきます。

ブルジョワは、産業インフラが整備されることを望み、強い政治権力を支援し、ここに絶対王政が誕生します。ビジネスマンたるブルジョワは王権による国内市場の統一を望み、通産省や貿易省などの官僚機構がブルジョワの経済活動をサポートし、保障することを望みました。

王権の手足となる官僚機構を支える財政は、新興ブルジョワが支出し、王や官僚は重商主義政策により、ブルジョワのビジネスを保護育成するという相互依存の関係が生まれます。

中世において、権力を維持してきた封建領主とその支配をブルジョワは解体し、統一的な**国民経済と国民国家**の形成を図ります。イギリスならば、イギリス人という集合体が結束し、集権的で効率的な国家運営を推進します。ブルジョワらの中産階級は未だ独力で権力を掌握するだけの力を欠いていたため、王権に依存しながら彼らの利益を確保せねばなりませんでした。

こうして、近世において、絶対王政のもと巨大な国民経済と国民国家が現れ、それらを統轄するため、法律・行政・財政・会計等の専門知識を有する**職業事務官が求められる**ようになります。これがヨーロッパの官僚制のはじまりです。

この時代の官僚は、18世紀以降の近代官僚制とは異なり、試験で任用されていたのではなく、貴族や諸侯、大商人などの特権階級の人間が有力者によって情実で任用されていました。俸給が中央政府から支給されること、分業を旨とする各省縦割りのセクショナリズムなどについては近代官僚制と同じです。

絶対王政下で、中央はもちろん、地方においても中央から派遣された官僚が地方行政を取り仕切り、細分化された地方行政庁が末端村落にまで支配を及ぼしていました。

特に、フランスの絶対王政の官僚機構は、中央、地方を問わず巨大であり、それを支えるための重税が課せられました。

フランスは、ルイ14世の時代に相次ぐ侵略戦争に失敗し、極端な財政難に陥りました。次第に、巨大な官僚機構を支え切れなくなり、遂に18世紀末には機能不全となりました。その結果、フランス革命によって、**フランスの官僚機構は絶対王政とともに崩壊**していきます。

MUST WORD

国民国家

封建時代の侯爵や伯爵の領土は「侯領」や「伯領」と呼ばれ、独立していました。このような封建領主によって分断されていた領土を、国王が武力によって、吸収併合していきます。言語・文化・民族などの共通性の観点から、領土を一つに統合するスケール・メリットが期待されて、分裂を政治的にも経済的にも解消し、国民国家という統一体が作られます。

官僚制が原動力になったドイツと日本

市民革命が起こったフランス、イギリス、アメリカのような国では、絶対王政を支えた**巨大な官僚制組織が縮減**されました。

その代わりとして、議会人やその一派である党派人が政府の役職を占める「スポイルズ・システム（猟官制）」が奨励されます。このようにして、中立的な官僚の存在感や権威は失われていきます。

特にイギリスの学者は、ジョン・ステュアート・ミルをはじめ、官僚制に批判的で**議会人が行政を主導していく必要性を主張**しました。

MUST WORD

スポイルズ・システム

「官職は勝者に帰属する」という考え方のもと、選挙に勝った政党が、自党の党員や支持者を公職に任用する政治慣習。19世紀前半、アメリカのジャクソン大統領による大規模な公職の入れ換えに代表されるように、行政に民意を反映させるために、イギリスやアメリカで行われました。

一方、市民革命が起こらなかったプロイセン・ドイツでは、18世紀後半から、一般に公募された官僚を採用するための専門試験制度である、「メリット・システム（資格任用制度）」が導入されました。

市民主義でもない、絶対王政でもないプロイセンは、両者の隙間を埋めるような形で、**近代官僚制を養成、強化することに成功**しました。

そして、プロイセンは独自の近代官僚制を最大限利用して、ヨーロッパ最強の近代国家へと躍進します。ウェーバーの言葉を借りるならば、近代官僚制の「合理的な組織力」、「卓越した技術力」で、プロイセン・ドイツはイギリスやフランスを凌駕（りょうが）していきます。

Weber
ウェーバー

「官僚制は近代資本主義の発展に好都合なその特殊な性質を、ますます完全に発揮する。」

日本は、このプロイセン・ドイツ式の官僚制を取り入れます。

明治維新直後は、薩摩・長州の藩閥が情実的な官僚任用を行っていましたが、明治20年、「文官試験試補及見習規則」ができ、官僚は試験によって採用されるようになります。

さらに、明治27年には、現在の国家公務員採用総合職試験の前身である「高等文官試験」に発展しました。日本の官僚機構も、大いにその力を発揮し、「富国強兵」「殖産興業」を迅速に推進し、日本は**アジア最強の近代国家**となります。大久保利通が内務省という官僚機構の中心組織を形成して以来、官僚制は大いに発展し、重要な政策決定の機能や権能をほぼ独占しました。

官僚制による近代化への成功は、官僚機構の基盤を固め、**官僚制への確信と依存**を強めていきます。しかし一方で、官僚のエリート主義が増長されて、軍部（軍人も官僚）の暴走を招いていきます。

第二次世界大戦後、ＧＨＱが作成した日本国憲法によって代議制民主主義と「国民主権」が定められ、官僚の法的地位は国民の主権下に置かれることになります。しかし、官僚制自体が消えたわけではなく、むしろ、社会の高度な発展に伴い新しい行政ニーズが拡大し、**官僚制は強大化**しています。

Weber
ウェーバー

「官僚制は、ひとたび完全に実現されると、最も打ち壊しがたい社会組織の一つになる。」

官僚は自らの権力や権限を保持しようとするために、**本能的に自己防衛的**です。国民や議会が官僚機構の縮小を求めて官僚と対立する場合、議会は専門家集団である官僚機構と戦うことができるのか。過剰な官僚主導の政治をどのように是正、克服することができるのか。これらのことは、現在の日本の政治にとって、長年、主要な政治改革のテーマの一つとなっています。

官僚が不祥事を起こすと、国民の税金を食いものにしているというイメージが先行し、官僚バッシングが激しくなりますが、バッシングだけで日本の行政が改善される訳ではありません。政治主導の名のもと、官僚をむやみに排斥したところで、やはり、行政は改善されません。

優秀な官僚の能力を行政に活かすためには、どうすべきかを考えねばなりません。現在の官僚機構の最大の問題は、人事評価の基準が明確になっていないことです。何を達成すれば評価されるか、という基準がないため、官僚は保身や組織の肥大化へ向かいます。特に、地方の役所はこうした傾向が顕著です。

官僚機構の改革は現場に即した細やかなものでなければなりません。

次の節では、民主主義にとっての官僚制の弊害について考えていきます。

21

民主主義と官僚制は共存できるのか？

「官僚制は、訓練された無能力である。」

ロバート・K・マートン

近代ヨーロッパが評価した中国の科挙

歴史上、官僚制が最も長く持続し、大規模に発展したのは中国です。6世紀末、隋王朝の建国者の楊堅（ようけん）は官僚をペーパーテストによって登用するという史上初の試みを行いました。この試験は科挙（かきょ）と呼ばれます。「科目で人材を挙する」という意味です。

科挙試験の合格倍率は、およそ1000人に1人で、合格者は高級官僚に登用されました。試験科目はおもに３つで、秀才科は時事問題についての小論文、明経科は儒教の経書の解釈が問われ、進士科は詩賦（詩文）の能力を問われました。科挙試験は身分に関係なく誰でも受験でき（女性は除外）、コネや地盤のない民衆にもチャンスが与えられました。

しかし、科挙に合格するための教育費・受験費用は多額に上り、経済的に裕福な家庭の子弟が合格する傾向がありました。

隋王朝ではじまった科挙は、７世紀、唐王朝で整備されました。その後の王朝でも継承され、清朝末期の１９０４年まで続きました。

科挙制はヨーロッパにも知られるようになり、18世紀のフランスの啓蒙思想家ヴォルテールやドイツの哲学者ライプニッツは、血統・血筋に依らない科挙の選抜のしくみを高く評価しました。

Voltaire
ヴォルテール

「中国の科挙による官僚任用は合理的な制度であり、教育された官僚により専制を免れた。」

当時のフランスは完全な階級社会で、王族・貴族のみが政治を行っていました。フランスでは19世紀以降、中国の科挙制の影響を強く受け、**バカロレア（大学入学資格試験）が制定**されていきます。

情報を握る者が権力を握る

中国ではなぜ、6世紀末という極めて早い時代に、試験で官僚を任用するという画期的な制度を施行することができたのでしょうか。

古代から、中国の王朝はもともと広大な領土を支配し切れず、各地域の貴族や豪族たちに地方政治を任せていました。王朝は地方に支配が及ばない実情を打破するために、**皇帝に忠誠を誓う有能な行政官**を必要としました。

試験によって選抜された官僚たちは、中央政府である朝廷によって身分が保障され、給与が支払われます。

そのため、彼らは朝廷や皇帝に忠誠を尽くしました。上級から下級に至る多数の官僚たちを登用し、全国に彼らを派遣しました。朝廷や皇帝の指示を直接履行させて、地方政治をコントロールしました。

科挙に基づく官僚制は、朝廷にとって**中央集権の政治を実現するための手段**でした。ヨーロッパ中世では分権的な状況が長く続き、中央集権を実現する官僚機構が必要とされませんでした。各地の封建領主の一族や関係者が名望家的行政を敷き、組織的な管理性を持ちませんでした。

この他、中国で強大な官僚制を作ることができた背景として、「紙の発明」があります。2世紀に、蔡倫（さいりん）という人物が樹皮やアサのぼろから紙を作ることに成功し、実用的な製紙法が確立しました（ただし、諸説あります）。従来、木簡や竹簡、絹布に、文書が記録されていましたが、それらに代わり、軽く薄い紙が使われるようになります。

紙という媒体によって、情報の管理が容易になります。木簡や竹簡で、膨大な納税情報を地方から朝廷まで届けるだけでも、馬を何頭も引き連れなければいけない状況です。そうすると、詳細なデータの伝達・報告を省かざるを得ません。そこに不正が潜み、地方貴族・豪族が蓄財の原資としていきます。

紙によって詳細な情報が伝わり、朝廷は地方の実情を把握することができました。**支配や統治の根幹は情報管理**にあります。情報を握る者が権力を握ります。紙は権力者に情報を伝える媒体として大きな役割を果たし、中央官僚機構が**広大な領域を一元的に管理することを可能にさせた**のです。

ちなみに、紙がヨーロッパに伝播したのは、中国が製紙法を確立した1000年後の12世紀です。

官僚はなぜ嫌われるのか？

官僚制には大きな弊害があります。官僚機構が国家の大事業を成功させるたびに、その威光は高まり、権限も集中、強化されます。組織至上主義のもと、国家全体の利益よりも、**組織の利益が優先**され、政策が歪められてしまいます。

古今東西、官僚制の弊害は共通しており、ウェーバーも、それを指摘しています。

Weber
ウェーバー

「官僚は自己の権力的利害ができるだけ統制されないことや、自己利得の拡大を達成しようとする。」

ウェーバーは官僚の利害動機として、代表的なものが3つあると述べます。

「個人的威信」

「虚栄の関心」

「無統制状態への欲望」

この3つを挙げて、官僚の自己保身や、利益のために暴走する組織のメカニズムを詳細に説きました。

権限を一手に握る官僚は次第に特権化していき、また、官僚の権益に属する一部の関係者たちだけが勢力を増していきます。富の偏りが大きくなり、民衆は困窮します。現在の日本でも官僚の既得権政治が横行しています。

官僚機構のように高度に組織化された集団は、それが抑制的にコントロールされるときは優れた効果を発揮します。しかし、その優秀さゆえに、ひとたび暴走しはじめるとコントロール不能となり、本来の意図を超えた**自己目的のために動く集団**となります。

秀才である官僚は、必然的にエリート意識が伴います。無知な民衆を侮蔑し、自分を特権階級化していくことに抵抗を感じません。

かつて、科挙によって選ばれた中国の官僚たちが既得権擁護と自己保身に走り、何度も繰り返し政治を機能不全に陥らせ、そのたびに王朝は崩壊したのです。

中国王朝の官僚機構は支配を円滑化するための法令を整備する、様々な規制を設けました。たとえば、都市の城壁内で商いを行おうとする者は、官僚による認可を得なければなりません。認可を出す過程で、商人と官僚との癒着が生まれます。官僚と癒着し、官僚に売上金を横流しする商人だけが特権的に商業利権を独占しました。

この独占は「影占」と呼ばれます。文字通り、影の力を背景にした独占経済という意味です。「影占」は、マーケットが本来持つ競争原理を失わせ、硬直化した官制経済が蔓延する原因になり、国家経済を蝕(むしば)みました。

官僚の腐敗は永遠に解決不可能?

中国の歴代王朝の皇帝にとって、中国という広大な領土を統治するためには、管理運営を担う官僚の存在は欠かすことができません。

しかし、官僚は自分たちの持つ権限を自己権益化し、**国家の成長の可能性を削ぎます**。

皇帝がこれに気付き、腐敗官僚を排除しようとしても簡単に汚職を摘発することはできません。現場の管理運営を任されている官僚たちは、決して、情報を漏らすことはありません。皇帝といえども、その実態を突き止めることなどおよそ不可能でした。

官僚制は組織拡大や勢力拡張のために、**情報を秘密にしようとする傾向**をもちます。

Weber
ウェーバー

「官僚制的行政は、その傾向として、常に情報の秘匿をもってする行政である。」

官僚制の強化に伴う秘密主義の増大は必然であり、その闇に閉ざされた実態を明るみにすることは想像を絶する抵抗を生みます。皇帝が汚職の摘発に失敗すれば、自らの権威を著しく失墜させることになります。また、摘発に成功したとしても、力を持った官僚たちが連帯し、皇帝に反旗を翻すかもしれません。結局、皇帝も、官僚の腐敗を「見て見ぬふりをする」以外に方法がありませんでした。

　中国の歴代皇帝たちは、官僚の腐敗に対し「見て見ぬふり」をし続けた結果、搾取され続ける民衆の怒りが爆発し反乱となりました。各時代における中国の諸王朝は、こうして、統治能力を失い、崩壊していきます。

　官僚機構が宿命的に抱える弊害を承知しながらも、中国の皇帝は官僚機構に頼らざるを得ませんでした。こうしたことは現在の中国の支配者をはじめ、日本などの**官僚制に依存する国にも当てはまる**ことでしょう。

　官僚制における腐敗の部分は外からは見えません。今日の日本において、「天下り」、「談合」など、官僚制の腐敗があるのは明らかであるにもかかわらず、どこに不正の原因があるのかを一つひとつ突き止め、摘発していくことは容易ではありません。議員が国政調査権を行使して、官僚機構へ立ち入ったとしても、そのほとんどは徒労に終わります。

　見えない腐敗というものが最も恐ろしいのです。

官僚制の批判者

ウェーバーは官僚制を肯定し、その長所を強調して論じましたが、20世紀後半において、官僚制の弊害を論ずる学者たちが主流となります。その代表がアメリカの社会学者ロバート・K・マートンです。

ウェーバーは官僚制機能の特色として、

「規則による規律の原則」

「明確な権限の原則」

「明確な階層構造の原則」

「文書主義」

などを挙げました。

マートンは著書『社会理論と社会構造』で、ウェーバーが挙げた官僚制の機能が、その**意図された本来の目的とは裏腹に目的の達成を妨げる**、と述べます。マートンはこうした現象を「**逆機能（dysfunction）**」と呼んでいます。

MUST AFFAIRS

マートンの官僚制における「逆機能」

①規則による規律の原則 ➡ 法規万能主義
法令を絶対的なものと考え、これに縛られる

②明確な権限の原則 ➡ セクショナリズム
所轄事務の分業の原則で生じる縦割り行政の弊害

③明確な階層構造の原則 ➡ 権威主義
上命下服の秩序の原則に縛られる

④文書主義 ➡ 繁文縟礼
申請や届出に際して、多くの書類の提出を求められる

⑤非人格性の原則 ➡ 職務の非人格化と横柄
不親切、冷淡、尊大横柄による行政サービスの低下

⑥身分保障の原則 ➡ 特権意識
強固な仲間意識とエリート主義

マートンは官僚制において、法律や規則の遵守が目的化し（「目的の転移」）、想定外の状況で臨機応変の対応が困難となり、能率達成のため制定された規則の遵守がむしろ非能率を生む、と指摘しています。本来、合理的であるはずの機能が非合理的な機能となり、**官僚制組織の矛盾要因**となります。

ここに、官僚制の限界があることをマートンは主張し、「官僚制は、訓練された無能力である」と結論付けています。技術的に磨かれ、訓練された官僚制は「逆機能」という矛盾に陥り、期待されるはずの職務を遂行することができないというのです。

マートンの他、官僚制を批判した有名な識者が、イギリスの歴史学者・政治学者シリル・N・パーキンソンです。

パーキンソンは**官僚組織の肥大化を批判**しました。官僚は組織を維持するために、不必要な仕事を必要な仕事として強引に作り出し、仕事を切らさないようにして組織の存続必要性をアピールしようとします。

そのため、仕事量に関係なく、官僚の数はどんどん増え続けていく、とパーキンソンは主張します。パーキンソンは、官僚組織の非合理性について、以下の2つの法則を指摘しています。

「パーキンソンの法則」

第1法則

仕事の量は、完成のために与えられた時間を全て満たすまで膨張する。

第2法則

支出の額は、収入の額に達するまで膨張する。

かつて、皇帝や王たちは、官僚制に依存しながら君主政治を行いました。現在、日本のような民主主義国家において、国民やその代表の政治家もまた、官僚制に依存しています。

民主主義において、国民や政治家は官僚機構を統制しなければなりません。しかし、現実には官僚機構が国民や政治家を統制し、自らの**既得権を守っています**。

強大になり過ぎた官僚機構をどのように縮減し、改革するか、現在の日本の政治の最も大きな課題の一つです。

行政の無駄をなくし、中央官僚機構の役割を考え直して、地方分権にしていくこと、「天下り」先となっている特殊法人と独立行政法人の問題、省庁にあるセクショナリズムの問題など、改革の課題は山積しています。

Chapter 10

「宗教」と民主主義
——民主主義の設計者たちの苦悩

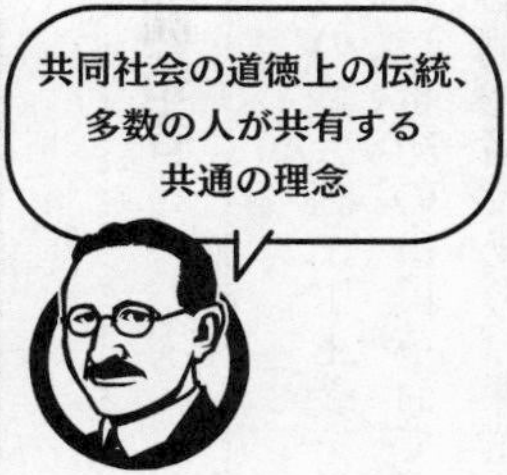

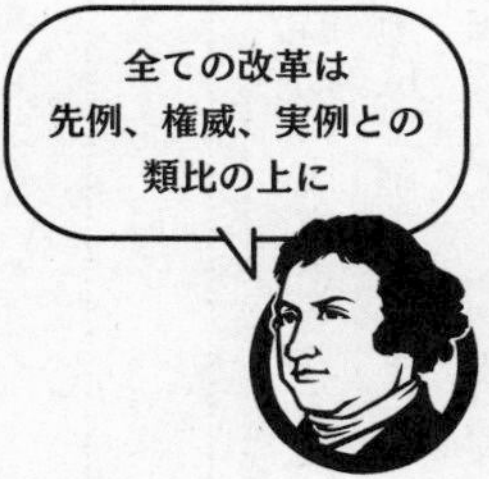

全ての改革は
先例、権威、実例との
類比の上に

22

「民主主義のもとでは、共同社会の道徳上の伝統、多数の人が共有する共通の理念を形成しない限り、法の支配は普及しない。」

フリードリヒ・ハイエク

議会制民主主義はなぜ、世界の主流となったのか？

民主主義の開拓者

歴史上、近代の議会制民主主義を最も早い時期に成立をさせたのはイギリスです。イギリスは17世紀の市民革命で、議会の地位を確立させます。イギリスは議会制民主主義の開拓者であり、果敢なる挑戦者でした。

この時代、他の国々はイギリスの動きを冷ややかに眺めていました。「議会制民主主義など、できるわけがない」と。

MUST AFFAIRS

民主主義の二類型

	議会制民主主義	共和制民主主義
主権者	人民	人民
君主の存在	否定せず	否定
為政者	議会	元首、少数者
独裁の可能性	小さい	大きい
階級の存在	否定せず	否定
民意反映	間接的	直接的

その後、イギリスの議会政治は安定し、成功していきます。これを見て、他の国々が18世紀後半以降、イギリスに追随しようとします。イギリスの成功が、**世界的な民主主義の時代の到来を可能にした**のです。

イギリスはなぜ、先陣を切ることができたのでしょうか。一言で言えば、イギリスが他国に先駆けて、経済的に急成長していたからです。毛織物産業が成功し、イギリス産のウール製品はヨーロッパ各地で大ヒットしていました。経済の余剰が行きわたり、幅広い中産階級が育ち、彼らが新しい時代を開く原動力となっていました。

では、イギリスで定着した民主主義の形態が共和制民主主義ではなく、議会制民主主義であったのはなぜでしょうか。両者は、主権者を人民に置く点で、ともに民主主義と位置付けることができますが、その他の要素において、前ページの表のように異なります。

共和制とはラテン語の「res publica」に由来する語で、「公共のこと」という意味です。王や皇帝などの世襲による君主を認めません。

一方、議会制は、君主の存在を認めます。ただし、政治的な実権を議会が握り、君主の権限を制限するという条件が付きます。議会政治による民主主義を基本としながら、**条件付きで君主の存在を認める政治体制を、立憲君主制**と呼びます。君主の存在を認めない共和制においては、立憲君主制は成立しません。

共和制では、国家元首や少数の為政者を人民の代表者として選出し、彼らが実権を行使します。議会は必ずしも必要とされません。たとえば、ヒトラー政権下のナチス・ドイツなどは共和制民主主義に近いと言えます。

現代の民主主義は、議会制民主主義が主流です。当初、イギリスの民主主義が議会制として大きく成功をしたことが、その後、世界の国々が議会制民主主義を取り入れることの大きな原因になったと言えます。

民主主義を可能にした共通の価値観

経済的な発展が主権を人民に振り分け、民主主義へと繋がっていくことは説明できます。

しかし、17世紀のイギリスにおいて、議会制と共和制の分岐を決定した要因までも経済に求めることは不可能です。

現在の我々にとって、議会制が民主主義の標準であることは自明の理となっています。しかし、17世紀のイギリス人は、未だ人類が経験したことのない**近代民主主義の枠組みを構築しなければならないという困難な現実に直面**していました。

そのような状況で、制度設計の着地点をどこに見出すかという課題は、容易なものでなかったことは言うまでもありません。

実際に、当時のイギリス人は**共和制と議会制の間を揺れ動き、試行錯誤**をしていました。その際、人々はいったい何を基準に制度設計を試みたのでしょうか。何か、思想的な基準があったのでしょうか。

ヨーロッパ市民革命に大きな影響を与えたとされる啓蒙思想の出現は、イギリスの名誉革命の後のことです。啓蒙思想家の嚆矢（こうし）ジョン・ロックの有名な『統治二論』の刊行は１６９０年で、イギリス名誉革命の２年後のことです。

ロックやルソーの思想は教科書の説明にもあるように、１７７５年のアメリカ独立革命、１７８９年のフランス革命には影響を与えたかもしれませんが、イギリス市民革命には影響はありません。

ただ、ジョン・ロックは『統治二論』の発表によって、結果的に名誉革命を擁護することになります。ロックは同著の中で、イギリス国民が王の圧政に抵抗する権利を有していたことを正当化しています。

Locke
ジョン・ロック

「（圧政に対し）国民はその根源的な自由を回復する権威と自分たち自身の安全と保障のために備える権利を持つ。」

皇帝政や王政が主流であった時代において、広く社会の人々に受け入れられる民主主義の政治制度を構築するためには、人々が最も合意しやすい、**共通の価値**

観に基づいたものでなければなりません。

そのような価値観というものは、学術思想から生まれるものではなく、もっと社会の根底に根差したもの、人々の意識に刷り込まれたもの、習俗や信仰の類いのようなものによって共有されます。つまり、宗教です。宗教こそが、民主主義を生み出す母胎となり、**民主主義の姿を決定付けた育ての親**であったのです。

キリスト教から生み出される変革

中世以降、ヨーロッパにおいて、ローマ・カトリックが人々の信仰を集め、神の代理者として支配の正統性を主張し、神権政治を敷いていました。しかし、長い時代を経て、カトリック教会は金権主義がはびこり、マンネリ化し、腐敗していました。

16世紀、カトリックの権威を否定し、新しいキリスト教信仰を建て直そうとした宗教改革者が**ルターとカルヴァン**でした。ルターやカルヴァンに共鳴した人々はヨーロッパ中で大きな勢力となり、旧教のローマ・カトリックに対抗する**新教**

プロテスタントと呼ばれるに至ります。

イギリスでも、プロテスタントの勢力が拡大します。毛織物工業の発達に伴い、イギリス各地に農村工業都市が新たに生まれました。中産階級や下層階級が底上げされ、彼らの生産力に支えられ、イギリスは躍進しました。

彼ら商工業に従事する勢力は**プロテスタントを信仰**していました。プロテスタントは、商工業に精励することで得られる利益は神からの恵みであると説き、**商工業者の共感と支持**を得ていました。

イギリスの**プロテスタントはピューリタン**と呼ばれます。これは、当時のエリザベス1世が彼らの熱心な信心を皮肉って、「ピュアな人たち」と言ったのがはじまりとされます。

経済の躍進の状況下で、イギリスの社会構造は大きく変容していました。従来の特権階級である貴族や封建地主は、成長する中産階級以下の新興勢力を抑え切れなくなります。そして、新興勢力は従来の利権の解体を求め、市民革命を起こします。

新興勢力を率いた指導者クロムウェルは1642年、**ピューリタン革命**を起こ

MUST AFFAIRS

イギリス市民革命時代の階級

上流階級	貴族、地主、大ブルジョワ（特権商人） イギリス国教会　監督制に基づく王政
中産階級	ブルジョワ、新興地主 ピューリタン右派　長老制に基づく議会制
下層階級	手工業労働者、農民 ピューリタン左派　会衆制に基づく共和制

上流階級＋中産階級：1688年 名誉革命の主体層

中産階級＋下層階級：1642年 ピューリタン革命の主体層

し、王党派を破り、国王チャールズ1世を捕えました。チャールズ1世の処刑を巡り、新興勢力の内部で対立が生じました。国王処刑に賛成したのは下層階級の左派勢力で、彼らは共和制を主張し、あらゆる特権階級を排斥しようとしました。

一方、処刑に反対したのは中産階級の右派勢力でした。革命の指導者クロムウェルは多数派の左派勢力に与（くみ）し、1649年、国王処刑を行いました。これを機に右派は左派と決別します。両派の決裂は**宗教に対する考え方の相違**からも起因していました。前述の通り、彼ら新興勢力は両派とも新教プロテスタントのピューリタンです。

しかし、教会運営のあり方について両派は考え方が異なります。

新教の創始者ルターは、神のもとでの人々の平等を主張し、旧教カトリックの身分制を否定しました。信徒は皆平等で、教会聖職者を信徒の上位に置くことを認めません。教えを伝える人は牧師と呼ばれ、司祭や司教と呼ばれる教会聖職者を設けません。カトリック的な身分の垂直的な序列関係を認めない**会衆制**が、ルターの考え方でした。

一方、カルヴァンは信徒と聖職者の境界を認めないことについて、ルターと同じです。しかし、ルターのような完全平等な会衆制をとらず、各コミュニティを代表する、長老と呼ばれる人々で構成される議会に教会運営の方針を決定する権限を認めます。これを**長老制**と言います。

旧教・カトリックの身分序列を認める教会運営は、**監督制**と呼ばれます。カルヴァンの長老制は、**監督制と完全平等主義の会衆制の中間**に当たります。

これらを政治体制にたとえるならば、**監督制は王政、会衆制は共和制、長老制は議会制**と言うことができます。

ピューリタン革命後、イギリス人たちは自らの宗教的信仰に従い、それぞれの教義の中から**社会体制のあるべき姿を探ろうとした**のです。神の御心に沿う社会を作り上げることが信仰を貫く理想であり、人々の深い共感を呼び起こす秩序となり得たのです。

社会を支配する新たな秩序への正当な合意は、宗教的な力の背景なくして考えられません。宗教的な信仰とその倫理的な心的態度に立脚し、社会の合意を模索する当時の人々の苦心と葛藤が、政治制度の変革を促しました。

MUST WORD

長老制

長老制は、旧教カトリックの監督制と対抗し、考え出された制度です。監督制は身分制を重んじる王政に相応するものであるのに対して、長老制は、合議制の意思決定のしくみを持つ議会制民主主義に相応します。信徒たちは、教会の指導者である長老を選挙などで選び、その人達に教会の運営を委託します。会衆制は、信徒自らが直接教会の運営に携わる直接民主主義に相応します。

時代を摑んだクロムウェル

クロムウェルに率いられた下層階級のピューリタンは会衆制に基づき共和制を

敷くことで、**完全平等な社会**を目指しました。

一方、中産階級は長老制に基づき議会制を敷くことで、**穏健な社会変革**を目指しました。長老制を主張する中産階級は長老派と呼ばれます。

このようにピューリタン内部の右派と左派の分裂は、**宗教的信仰のあり方を問う問題**であると同時に、そこから派生する**政治体制のあり方を問う問題**でもあり、避け難い対立でした。

革命後、クロムウェルは1653年、護国卿に就任し共和制を掲げます。しかし、下層階級の要求通り、完全平等な社会を実現するための政治を行ったのかというと、実際のところ、そうではありません。

ここが非常に難しいところなのですが、クロムウェルの政治的スタンスは彼の政権が発足する前と後とで大きく異なります。

政権発足前のピューリタン革命時に、クロムウェルは下層階級とともに戦いました。王党派を潰し、下層階級の要求に従い、チャールズ1世を処刑しました。

しかし、政権を握ると、クロムウェルは下層階級を弾圧しはじめます。特に下層階級で急進的な共和制を主張した水平派と呼ばれる人々を危険視し、大勢を処刑しました。

一方、クロムウェルは政権運営のために、台頭するブルジョワ中産階級の経済力が必要と考え、中産階級を擁護する政治を行います。

クロムウェルという人物は冷厳なリアリストで、物事の割り切り方が普通の政治家とは違います。王政を倒す革命のエネルギーを下層階級に求め、革命が成功すると彼らを切り捨て、**政権運営能力を中産階級に求め**、彼らと手を組みました。

節操がないと言われればそうかもしれませんが、当時のイギリスには、クロムウェルのようなリアリストが必要でした。

クロムウェルは共和制を表面的に掲げながら、従来の特権的な制度を打破しました。ブルジョワ中産階級のための商工業推進政策を進め、時代の潮流に沿ったバランスの取れた政治を展開しました。

クロムウェルは王政を葬り、その後の体制構築をどうすべきかということにおいて、極めて慎重でした。一歩、舵取りを間違えれば、革命の成果は台無しになってしまいます。クロムウェルは新しい時代の担い手が**経済力豊かなブルジョワ中産階級**であることを本質的に見抜いていました。

しかし、クロムウェルは、彼らが宗教的に信仰する、長老制に基づく議会制を採ることは危険と判断しました。ピューリタン革命後の混乱をコントロールするために必要なことは、議会における自由な議論ではなく、独裁でした。クロムウェルは強力なリーダーシップによって、中産階級を保護し、その成長を促すことを優先したのです。

Must Person
オリヴァー・クロムウェル

中産階級こそがイングランド躍進の要である。

イギリスの政治家。クロムウェルはブルジョワ中産階級の利益のために、オランダと戦い、勝利します。イギリスはオランダと海上貿易の利権を巡り、対立していました。1651年、クロムウェルは航海法を発布し、オランダ船を締め出します。当時、資金の豊富なオランダはイギリスに莫大な債権を持っていました。イギリスは航海法を楯に借金返済に応じなかったため、怒ったオランダは宣戦布告、英蘭戦争となります（「蘭」というのはオランダのこと）。

宗教的な融合によって生まれた立憲君主制

クロムウェルの政策により、中産階級の著しい伸長が見られます。以後、中産階級はイギリス政治の中心軸となり、上流階級とも結託し、新しい政治の枠組みが構築されます。

クロムウェルの死後、中産階級は上流階級との接近を急速に図り、**政治基盤を拡充**させます。このとき、カルヴァン派長老制を唱える中産階級は上流階級のイギリス国教会に対し、改革・刷新を提起し、受け入れられました。もともと、イギリス国教会はカルヴァン派の教義内容をそのまま取り入れており、国教会とカルヴァン派の長老派に教義上の違いはありません。そのため、国教会はイギリス・プロテスタントとも呼ばれます。

しかし、イギリス国教会は、運営形式にカトリック的なヒエラルキー（身分制）を取り入れて、監督制を敷いていました。その点で、中産階級が求める長老制とは教会の運営方法において異なっていました。イギリス国教会を信奉する上流階級は、中産階級との連携を強めるために監督制を大幅に排除し、長老制を取り入れました。

こうして、長老派と国教会との結合が進み、**長老派と国教会の区別が消滅**します。

この両者の結合から、議会制を唱える中産階級と、王政を唱える上流階級の両者の折衷案である**立憲君主制の考え方が誕生**します。

立憲君主制とは王の存在を認めながらも、その独裁を許さず、議会が定める憲法に基づき、王の権力を制限する制度です。

つまり、立法権を国民の代表たる議会が握っているため、民主主義的な体制と言えます。

ジョン・ロックは立法権こそが、司法権や行政権よりも優先することを『統治二論』の中で以下のように述べています。

Locke
ジョン・ロック

「統治が存続する間はどんな場合でも、立法権が最高の権力である。」

立法権は法治国家において、行政や司法のあり方や行動を規定するものであり、最も高次な権力です。立法権が国王の手から議会に移され、その限りによって、国王の存在を認めるのが立憲君主制です。

Locke
ジョン・ロック

「法をつくる権力がどこに置かれるかに応じて、国家の形態が決まる。」

上流階級、中産階級の両者は連携を強化し、議会勢力を形成しました。共和派を排除しながら、穏健な立憲君主政治を掲げ、**王政復古を実現**させました。

そして、1660年、チャールズ2世が即位します。チャールズ2世はピューリタン革命で処刑されたチャールズ1世の子です。

当初、チャールズ2世は立憲君主主義の精神に理解を示し、議会と妥協しながら、うまく関係を構築していました。

しかし、徐々に議会の意向を聞かなくなり、議会との対立が深まります。チャールズ2世が崩御すると、弟のジェームズ2世が即位しました。ジェームズ2世は強硬保守的でカトリックと絶対王政の復活をめざします。議会との対立は避け難く、1688年、名誉革命となり、ジェームズ2世は追放されました。

名誉革命以後、イギリス議会は国王に実質的な政治権力を認めず、これまで国王が持っていた外交交渉権、関税や消費税などの徴税権、行政執行権などを取り上げてしまいます。

「国王は君臨すれども統治せず」という原則の通り、ここにイギリスの立憲君主制が確立します。

ジョン・ロックは『統治二論』の中で、次のように言っています。

Locke
ジョン・ロック

「共同社会は、(政治体制上の)諸形態を用いて、適切と思われる複合的で混合的な統治の諸形態をつくることができる。」

立憲君主制は、議会制と君主制の「複合的で混合的な」調整型民主主義の形態で、歴史的に、**イギリス国教会とカルヴァン派との信仰融和から導き出されたもので**、大きな社会的な共通合意として人々に認識されていきます。

立憲君主制のような高度で複雑な政治制度が成立するためには、社会における何らかの強力な合意が必要です。その合意は、一過性の偶然ではなく、また、学術思想のようなものでもなく、人々の道徳や生活態度を規定し、人々の意識に刷り込まれた集団規範のようなものでなければなりません。そして、その**規範を与えるものこそが宗教**でした。

20世紀の保守の思想家ハイエクは、次のように言っています。

Hayek
ハイエク

「民主主義のもとでは、共同社会の道徳上の伝統、多数の人が共有し問題なく受け入れる共通の理念を形成しない限り、法の支配は普及しない。」

23

「全ての改革は先例、権威、実例との類比の上に、注意深く行われるべきである。」

エドマンド・バーク

改革に必要なことは何か？

宗教よりも理性を優先させろ！

イギリスは17世紀、世界に先駆けて市民革命を起こし、立憲君主制に基づく議会制民主主義の制度を構築することに成功しました。

そして、その新しい制度は、前節で解説したように、キリスト教の世界観とその信仰理念に沿った幅広い合意の上に形成されたものです。近代民主主義は**キリスト教から生み出された**と言っても過言ではありません。

しかし、名誉革命を擁護したロックによって、宗教的な背景を持った事実を除去されてしまい、まったく異なる「イギリス市民革命像」が一人歩きすることになります。

ロックによると、イギリス市民革命は人間の理性が人権という概念に目覚め、自由と平等を求めた結果生じたものであり、**宗教的な志向を持つものではありません**。ロックは『統治二論』で以下のように言っています。

Locke
ジョン・ロック

「理性こそが法である。理性にちょっと尋ねれば、人間は平等で独立しているのだから、他人の生命、健康、自由、或いは所有物を損ねるべきではない、ということをすぐに理解できる。」

中世の時代以来、宗教的な戒律の積み重ねによって宗教的な統治理念が生まれ、それが社会を秩序づける支配原理となっていました。イギリス市民革命もまた、宗教的な背景を強く持っていました。

しかし、ロックの思想以降、宗教的な統治理念は、人間理性を基軸とする**新しい統治理念に交替**させられました。

人々の理性は欲望を抑制することができ、その総体としての国家や政府もまた理性的であることが可能であり、その限りにおいて、人間理性というものが秩序規範になり得る、とする思想が広がっていました。

ロックの思想は、モンテスキューやルソーらに引き継がれます。ロックらは、国家や政府とは、人間の理性に由来する契約によって成立するものであるという理念を生み出します。人々の権利や利益、福祉を最大限に確保するために、人々がどのように国家権力と関わっていくべきかを問い、合理的に解釈しようとしました。

ロックらにより提唱されたこれらの考え方は、「**社会契約説**」と呼ばれます。「社会契約説」において、理性を持つ人間は**合理的な判断によって秩序を形成**し、最大限、理想社会を目指そうとし、**その条件で合意**するはずである、と考えられます。また、そのような社会を目指す構成員の「契約」によって、国家や権力の成立や正当性を導き出そうとします。

ルソーは著書『社会契約論』で、以下のように言っています。

Rousseau
ルソー

「社会契約とは、共同の力をあげて、各構成員の身体と財産を守り、保護する結合形態を発見することである。」

こうして、新しい近代市民社会は、理性を持った人間の合理的な「結合形態」としての「社会契約」によって成立すると捉えられるようになります。

Must Person
ジャン・ジャック・ルソー

人間は生まれながらにして自由であるが、至るところで鉄鎖に繋がれている。

フランスの啓蒙思想家。懸賞論文に応募した『学問芸術論』で、近代文明社会を批判し、受賞したことをきっかけに、執筆業に専念するようになります。『人間不平等起源論』で、為政者は社会制度や法制度を整備し、被治者を組織的に支配する専制的権力を持ち、社会の不平等を固定化した、と論じています。主著『社会契約論』で、人民主権論を展開し、フランス革命に大きな影響を与えました。『エミール』では知性偏重の教育を批判しました。

理性よりも慣習を優先させろ！

一方、18世紀イギリスの思想家エドマンド・バークは保守主義の立場から「社会契約説」を批判します。バークは「社会契約説」を「政治的思弁哲学の下手な小細工」とこき下ろします。

バークは社会の支配原理は、個人の理性によって得られるようなものではなく、**「本源的契約」によってこそ得られる**、と説きます。「本源的契約」とは、古来から続く制度、宗教、伝統、慣習に従うことであり、そのことによって、社会の調和を図っていきます。

Burke
バーク

「(政治体制を)これまで、神、自然、教育、彼らの生活習慣によって規定されて来た存在以外の存在に変えることはできない。」

バークは個人の理性というものは、矮小で欠陥だらけのものである、と捉えます。個々の人間は、多くの間違いを犯す不完全な存在であり、**人間の理性への過信は社会を誤った方向へ導く**、とバークは説きます。個人の知力や理性などは、祖先の叡智の歴史的な堆積には遠くおよびません。

バークによると、祖先の叡智が作り上げたものとして**コモン・ロー**があります。コモン・ローは共通法、一般法と訳されます。伝統や慣習、先例に基づき裁判などの法運営をしてきたことで蓄積され、一般化したルールで、いわゆる法律として制定される以前の慣行と慣習上の準則で、正義と公正さを示す規範です。

Burke
バーク

「道徳性、統治の原理、自由の観念は、自分たち自身が新発見したものではなく、現在のイギリス国民が生まれる遥か以前に理解されていた。」

制定法において、法文で決められた規範を守ることが重要であるのに対し、コモン・ローにおいては、その社会を成立させている精神が重要となります。しかも、その精神は成文化されておらず、**人間や社会が歴史の中で培った規範意識の蓄積**です。

我々の日本の社会にも、コモン・ローはあります。儒教的な礼節を重んじる規範意識は法律に書かれていませんが、我々は日常の中で、それに従って行動しています。目上の人に対して、自然とお辞儀をして敬意を払うのはこのような規範意識の表れです。

Must Person

エドマンド・バーク

ルソーら啓蒙思想家は平等主義という害悪を撒き散らし、フランスを破滅させた。

18世紀イギリスの政治家、思想家。アイルランドのダブリンに生まれる。「保守主義の父」と呼ばれます。下院議員、ホイッグ党の指導者として活躍。アメリカ植民地との和解、アイルランドの解放などを主張しました。主著『フランス革命の省察』（1790年）でフランス革命批判、社会契約説批判を行います。

変えるべきものと、変えてはならないもの

コモン・ローによって秩序付けられた社会や統治理念、国家は、個人の知力や理性で設計されたものでなく、それは、ある世代が自分たちの知力において改変することが許されないものである、とバークは主張します。

Burke
バーク

「国家は、現に生存している者だけの集合体でなく、既に逝った者や、将来に生を享くべき者の集合体でもある。」

国家や社会は、過去や未来において継続性のあるものであり、そのような歴史的な文脈を無視して、一部の人間の知力や理性によって人工的な意図や改変が加われば、**社会の秩序は大きく破壊**されて損なわれます。

バークはこのような視点から、当時、ドーヴァー海峡の対岸のフランスで起こったフランス革命を批判し、それが人工的な理性を絶対視し、既存の慣習や教会

制度を否定した結果、無秩序に陥るであろうことを警告しました。

Burke
バーク

「王政から自由になったフランスでは、
国民の野蛮な放逸が倍加し、
その思想と行動において、傲慢で反宗教的な放縦が倍加した。」

バークの予見通り、フランスは革命の勃発後、大混乱に陥ります。恐怖政治が敷かれ、革命政権に反対する者が次々と処刑されました。ナポレオンが登場するまでの10年間、フランスは無秩序状態となりました。

改革や変革は必要です。しかし、**変えてはならないものまで変えてしまえば、社会秩序を保つことはできません。**

ここが、政治の難しいところです。ショック療法を伴っても、思い切って改革すべきか、維持し守るべきか。何を変えて、何を変えてはいけないのか、その判断と見極めが難しいのです。

バークは以下のように言っています。

「全ての改革は先例、権威、実例との類比の上に、注意深く行われるべきである。」

バークは慎重さを前提としながら、改革を積極的に行っていくべき、と主張しています。バークは変革や改革を否定しているのではありません。

「何らかの改革の手段を持たない国家は、自らを保守する手段を持たない。」

現代の日本において、政治や社会の改革の問題を議論するとき、それが合理的であるかどうか、という視点が優先されることがよくあります。極端な場合は、儲かるかどうかという視点で議論されることもあります。

改革は、合理性の追求という意味においては、保守よりも大きな説得力を持ち、**民衆の支持を獲得しやすい傾向**があります。

しかし、合理的でないと思われる政策や統治理念の中に、社会システムを維持していくために欠かせない重要な秩序が存在することもまた事実です。**国家は合理性の追求だけで成立し得るものではない**からです。

参考文献

フランシス・フクヤマ『**歴史の終わり**』〈上〉〈下〉渡部昇一訳（三笠書房）

キケロー『**キケロー選集**』〈8〉岡道男編（岩波書店）

アドルフ・ヒトラー『**わが闘争**』平野一郎、将積茂訳（角川文庫）

レーニン『**国家と革命**』角田安正訳（講談社学術文庫）

ジョン・ロック『**完訳 統治二論**』加藤節訳（岩波文庫）

ルソー『**社会契約論**』桑原武夫、前川貞次郎訳（岩波文庫）

カール・マルクス『**賃労働と資本**』長谷部文雄訳（岩波文庫）

シュムペーター『**資本主義・社会主義・民主主義**』中山伊知郎、東畑精一訳（東洋経済新報社）

ロバート・A.ダール『**ポリアーキー**』高畠通敏、前田脩訳（岩波文庫）

カール・シュミット『**カール・シュミット著作集**』（Ⅰ）（Ⅱ）長尾龍一編（慈学社出版）

エーリッヒ・フロム『**自由からの逃走**』日高六郎訳（東京創元社）

マルクス『**経済学批判**』武田隆夫、遠藤湘吉、大内力、加藤俊彦訳（岩波文庫）

F.A.ハイエク『**市場・知識・自由――自由主義の経済思想**』田中真晴、田中秀夫編訳（ミネルヴァ書房）

F.A.ハイエク『**隷属への道**』西山千明訳（春秋社）

マルクス『**資本論**』エンゲルス編、向坂逸郎訳（岩波文庫）

マックス・ウェーバー『**支配の社会学Ⅰ――経済と社会**』『**支配の社会学Ⅱ――経済と社会**』世良晃志郎訳（創文社）

ロバート・K・マートン『**社会理論と社会構造**』森東吾、森好夫、金沢実、中島竜太郎訳（みすず書房）

エドマンド・バーク『**政治経済論集――保守主義の精神**』中野好之編訳（法政大学出版局）

著者紹介
宇山卓栄（うやま　たくえい）
1975年、大阪生まれ。慶應義塾大学経済学部卒業。代々木ゼミナール世界史科講師を務め、著作家となる。テレビ、ラジオ、雑誌、ネットなど各メディアで、時事問題を歴史の視点でわかりやすく解説。主な著書に『民族と文明で読み解く大アジア史』（講談社）、『「民族」で読み解く世界史』『「王室」で読み解く世界史』『「宗教」で読み解く世界史』『世界「民族」全史』（以上、日本実業出版社）、『経済で読み解く世界史』『朝鮮属国史』（以上、扶桑社）、『世界史で読み解く天皇ブランド』（悟空出版）などがある。

人物切り絵――加藤タカシ

本書は、2016年4月にかんき出版から刊行された『世界史で学べ！間違いだらけの民主主義』を加筆・修正し改題したものです。

PHP文庫　知らないとヤバい民主主義の歴史

2023年6月15日　第1版第1刷

著　者　宇山卓栄
発行者　永田貴之
発行所　株式会社ＰＨＰ研究所
東京本部　〒135-8137　江東区豊洲5-6-52
ビジネス・教養出版部　☎03-3520-9617(編集)
普及部　☎03-3520-9630(販売)
京都本部　〒601-8411　京都市南区西九条北ノ内町11
PHP INTERFACE　https://www.php.co.jp/
組　版　有限会社エヴリ・シンク
印刷所
製本所　図書印刷株式会社

ISBN978-4-569-90321-7

PHP文庫

お金の流れで見る世界史

大村大次郎 著

元国税調査官が世界史を富・経済・権力の動きから解説。国家の盛衰パターン、戦争の勝敗の意外な理由など、知られざる真相が明らかに。

PHP文庫

世界史を変えた植物

稲垣栄洋 著

一粒の麦から文明が生まれ、コショウが大航海時代をつくり、茶の魔力が戦争を起こした。人類を育み弄させた植物の意外な歴史に迫る!

PHP文庫

最強の教訓！ 世界史

神野正史 著

決して「戦略」を見失わず、ドイツ統一を達成したビスマルク。片や連戦連勝なれど戦略を見失い失敗した上杉謙信――偉人の叡智に学ぶ。

PHP文庫

ケミストリー世界史

その時、化学が時代を変えた！

大宮 理 著

予備校の化学講師の中でもとりわけ世界史に詳しい著者が、世界史の流れを時系列に追いながら、時代を変えた化学の話を紹介する。

PHP文庫

日本人が知るべき東アジアの地政学

茂木　誠　著

米中覇権争いが激化する中、日本は近隣諸国とどう付き合えばよいのか。大人気予備校講師が地政学の視点から東アジアの未来を読み解く。

PHP文庫

日本人だけが知らない「本当の世界史」古代編

倉山 満 著

「なぜヨーロッパは古代ギリシャを起源としたがる？」「〝四大文明〟は中国の妄想」――中国人と欧米人が歪めた「世界の歴史」の真実に迫る！

PHP文庫

覇権からみた世界史の教訓

中西輝政 著

国際政治、歴史の専門家が、近現代史の歴史的事件を米英２大覇権国家の趨勢を踏まえて詳しく解説。米中対立が激化する現在に必読の書。

PHP文庫

覇権帝国の世界史

佐藤賢一 著

アレクサンドロス大王、ローマ皇帝、チンギス・ハンなど、世界征服に挑んだ帝国の歴史を西洋歴史小説の第一人者が、新視点で解説する。

PHP文庫

「地形」で読み解く世界史の謎

武光 誠 著

砂漠のシルクロードが、なぜ栄えたのか？ なぜインカ文明は山岳地帯に都市を築いたのか？ 地形を読み解くと新しい歴史が見えてくる！